KB200372

팀 켈러의
인생 질문

Encounters with Jesus: Unexpected Answers to Life's Biggest
Questions

by Timothy Keller

Copyright © 2015 by Redeemer City to City and Redeemer Presbyterian Church

Korean Translation Copyright © 2019 by Duranno Ministry

All rights reserved.

This Korean edition published by arrangement

with Timothy Keller c/o McCormick Literary, New York, through Duran Kim
Agency, Seoul.

팀 켈러의 인생 질문

지은이 | 팀 켈러
옮긴이 | 윤종석
초판 발행 | 2019. 8. 21.
32쇄 발행 | 2025. 1. 20.
등록번호 | 제1988-000080호
등록된 곳 | 서울특별시 용산구 서빙고로65길 38
발행처 | 사단법인 두란노서원
영업부 | 02)2078-3333 FAX | 080-749-3705
출판부 | 02)2078-3330

책값은 뒤표지에 있습니다.
ISBN 978-89-531-3592-5 03230

독자의 의견을 기다립니다.
tpress@duranno.com www.duranno.com

두란노서원은 바울 사도가 3차 전도 여행 때 에베소에서 성령 받은 제자들을 따로 세워 하나님의 말씀으로 양육
하던 장소입니다. 사도행전 19장 8-20절의 정신에 따라 첫째 목회자를 돕는 사역과 평신도를 훈련시키는 사역,
둘째 세계선교™와 문서선교[단행본·잡지] 사역, 셋째 예수문화 및 경배와 찬양 사역, 그리고 가정·상담 사역 등을 감
당하고 있습니다. 1980년 12월 22일에 창립된 두란노서원은 주님 오실 때까지 이 사역들을 계속할 것입니다.

팀 켈러의

인생
질문

팀 켈러 지음
윤종석 옮김

두란노

팀 켈러는 성경 본문의 예수님과 각 사람들의 대화에서 금광을 캐냈다. 그리스도인이든 비그리스도인이든 누구나 이를 통해 사고가 넓어지고 마음이 뜨거워질 수밖에 없다. 성경을 이미 수없이 읽어 본 사람이라도 마찬가지다.

Graceforsinners.com

이 책은 성경을 진지하게 공부하는 이들의 책장에 반드시 꽂아놓아야 한다. 급하게 읽기 보다는 한 모금씩 천천히 음미하면 좋다. 그래야 삶을 바꾸어 놓는 메시지의 위력을 십분 건질 수 있다.

Examiner.com

50년 후에 복음주의 그리스도인들이 도시와 이웃을 사랑하고 자비와 정의에 헌신한 사람들로 널리 알려진다면, 팀 켈러는 새로운 도시 그리스도인의 선구자로 기억될 것이다.

〈크리스채너티투데이〉

팀 켈러 목사는 고전 문학, 철학, 인류학 등 다수의 분야에서 자료를 발굴하여 지성적으로 설득력 있게 하나님을 변증한다. 이 책도 저자의 박학다식한 학식을 증언해 줄 뿐 아니라 신앙에 대한 작금의 담론을 설득력 있게 개괄한다. 회의하는 사람에게는 물론 자신이 무엇을, 왜 믿는지 재평가하려는 사람에게 유익하다.

〈퍼블리셔스 위클리〉

대다수의 도시 대형 교회들과 달리 리디머교회는 놀랍도록 전통적이다. 전통적이지 않은 점이라면 자신의 청중인 도시인들의 언어로 말하는 켈러 목사의 솜씨다. 그의 호소는 이해하기 쉽다.

〈뉴욕 타임스〉

팀 켈러 목사는 맨해튼의 명물이다. 당신의 단골 식당처럼 그도 도시의 공공연한 비밀 중 하나다. 그를 따를 이들이 워낙 열성적인데다 빠른 속도로 성장하는 교회를 홍보할 생각을 해 본 적이 없다.

〈뉴스위크〉

팀 켈러는 뉴욕 시의 가장 성공적인 기독교 전도자다. 지성적 설교로 주일마다 수많은 젊은이들을 교회로 이끈다. 교회 지도자들은 그를 도시 복음화의 모델로 삼고 있다. 그의 도움으로 뉴욕에만 50여 개의 복음적인 교회가 개척되었고 샌프란시스코에서 런던까지 다른 도시에도 50여 개가 더 세워졌다.

〈뉴욕〉

하나님을 확고히 믿어도 되는 설득력 있는 논거를 문학과 철학과 대중문화를 활용하여 제시한다. 팀 켈러는 다른 책들처럼 세속적측면을 지나치게 비판하지 않으면서 종교적 관점을 제시하려 노력하는 점이 참신하다.

〈라이브러리 저널〉

인간은 삶의 의미를 찾기 위해
수많은 질문에 둘러 쌓여 산다.
기독교는 예수가
그 모든 것의 '답'이라고 말한다.
이것이 타종교와 기독교의
차이점이고 곧 복음이다.

차 례

예수와의 조우,
인생의
답을 얻다

PART 2

영원한 삶을 위해
당신의 구주
예수를 만나라

우리가
만나야 할
예수

나는 개신교인으로 자랐다. 하지만 대학 시절, 몸과 마음의 영적 위기를 겪으면서 하나님과 세상과 자아에 대한 가장 근본적인 신념에 의문이 싹텄다. 그 시절에 알게 된 몇몇의 기독교인들은 소그룹 성경공부에 열심이었다. 모임의 인도자는 교사나 강사 역할이 아니라 그룹 전원이 같은 성경 본문을 읽고 해석하도록 돕는 역할만

했다. 모임의 규칙은 단순했지만 활동이 제대로 이루어지려면 반드시 규칙이 필요했다. 기본적으로는 성경이 사실임을 가정했다. 성경 본문이 믿을만 하고, 성경 저자들이 유능하다고 간주해야 했다. 또 본문에 대한 어느 한 사람의 해석을 강요할 수는 없고, 소그룹원이 다 함께 성경의 의미를 발견해 가야 한다. 개인보다는 함께할 때 훨씬 많은 것이 보인다는 전제하에 공동체로서 성경에 숨겨진 풍성한 비밀을 발견하기 위해 노력해야 했다.

나는 신앙이 어떤 상태인지 확신할 수 없던 때에 성경공부 모임의 인도를 부탁받았다. 성경공부 교재는 메릴린 쿤츠와 캐서린 셸의 *Conversations with Jesus Christ from the Gospel of John*(요한복음에 나오는 예수님과의 대화)였다. 교재는 요한복음에 등장하는 예수님과 개인의 13가지 대화 장면을 다룬다. 나와 소그룹원들은 그 책을 함께 공부하며 성경에 숨겨진 깊은 의미와 통찰을 찾아내고는 놀라지 않을 수 없었다. 예수님의 생애를 살펴보며 나는 성경이 보통 책이 아님을 절감했다. 성경에는 고대 문학의 아름다움이 잘 드러나지만, 그 이상의 감동을 발견하게 되었다. 그렇게 예수님과의 만남을 공부하며 성경에 감추어진 불가해한 생명과 위력을 느꼈다. 아득한

옛날의 대화들이 신기하게 지금의 내게도 날카롭게 적중했다. 그때부터 나는 지적인 자극을 위해서만이 아니라 하나님을 찾기 위해 성경을 탐구했다.

나는 인내와 깊은 사고가 통찰의 비결이라고 배웠다. 오래전 성경공부 인도자들을 위한 수련회에 참석했던 적이 있다. 그때 했던 활동이 지금도 잊히지 않는다. 강사는 우리에게 마가복음 1장 17절을 제시했다. "예수께서 이르시되 '나를 따라오라. 내가 너희로 사람을 낚는 어부가 되게 하리라' 하시니." 그는 우리에게 이 성경 구절을 30분 동안 살피기를 요청했다. 5-10분이 지나면 본문을 완전히 파악했다는 생각이 들 수 있겠지만, 묵상과 연구를 멈추지 말 것을 당부했다. 그리고는 "이 구절에서 보거나 배운 바를 최소 30가지이상 기록해 보십시오"라고 말했다.

나는 10분 만에 기록하기를 끝냈고, 홀가분한 마음과 지루한 마음으로 자리를 지키고 있었다. 그의 당부에 따라 의무감에 본문을 살피자 놀랍게도 기록할 것이 더 있었다. 시간이 다 되어 모두 한자리에 모이자 그는 각자의 목록 중 가장 감동이 되었거나, 유익했던 것에 표시하게 했다. 그리고 "최고의 통찰을 5분 만에 찾은 사람이 있다면 손들어 보세요"라고 말했다. 손을 드는 이가 아무도 없었다. "10분 후에 찾은 분이 있나요?" 한두 명이 손을 들었다. "15분은요?" 몇몇의 손이 더 올라갔다. "20분은요?" 이번에는 다수가 손을 들었다. "25분은 어떻습니까?" 드디어 대부분이 손을 들고 미소를 지으며 고개를 내둘렀다.

인내심을 가지고 성경 본문을 귀납적으로 공부한 그 경험이 나의 신앙생활을 바꾸어 놓았다. 시간을 들여, 바른 자세로 마음을 열고 말씀을 신뢰하면 하나님께서는 성경 본문을 통해 말씀하신다. 나아가 성경 속에서 하나님의 음성을 듣도록 사람들을 돕는 법을 배우면서 결국 내 직업의 방향까지 정해졌다. 그리하여 사람들에게 성경을 가르치고 설교한 지 어언 40년이 되었다. 내 모든 강연과 강의와 설교의 기초는 늘 대학 시절에 배운 대로 성경 본문 앞에 앉아 신중하게 깊이를 파헤치는 데 있다.

지금도 나는 성경 전체의 권위를 받아들이며, 그 전부를 배우고 가르치는 일이 즐겁다. 그런데 성경의 영적 권위가 처음으로 나 자신에게 묵직하게 와닿은 것은 복음서를 통해서였다. 특히 예수께서 각 사람 - 회의론자 제자 나다나엘, 혼인 잔치에서 당황한 그분의 어머니, 밤중에 찾아온 종교 박사, 우물가의 여인, 사별을 겪은 두 자매 마리아와 마르다 등 다수 - 과 나누신 대화를 통해서였다. 나도 예수님을 만나며 빚어졌는데, 그 만남 중 다수는 복음서에 나오는 예수님과 사람들의 만남을 공부한 결과라 할 수 있다.

나는 몇 년 전에 《팀 켈러, 하나님을 말하다》(*The Reason for God*)라는 책을 썼다. 뉴욕 시에서 오랜 세월 목회하면서 만난 회의론자들의 논지를 늘 고맙게 여긴다. 기독교의 독특성을 밝히고 규명하는 데 그들이 중요한 역할을 했기 때문이다. 나는 그들의 질문을 교만한 자세로 일축하는 기독교인들이 꽤나 거슬린다. 그 누구보다 회의적이었던 대학 시절 성경공부 모임 때의 내 모습이 떠오르기도 하고, 나의 질문을 진지하게 받아주었던 소그룹원들에게 큰 고마움을 갖는다. 내 경험에 의하면 시간과 노력을 쏟아 어려운 질문에 대한 답을 찾으면, 신앙이 깊어질 수 있다. 심지어 기독교에 회의적이었던 사람들은 기쁨을 얻고 닫혔던 마음을 열 가능성도 크다.

이런 이유로 나는 2012년 영국 옥스퍼드 타운 홀에서 학생들 - 회의론자가 대부분이었다 - 에게 5일 밤에 걸쳐 강연해 달라는 부탁을 받았을 때 매우 기뻤다. 요한복음에 나오는 예수님과 각 사람의 만남을 살펴보기로 했다. 나는 이 주제가 그 모임에 잘 맞는 선택이라고 생각했다. 과거에 내가 직접 경험했듯이 본문에는 예수님의 핵심 가르침과 성품이 아주 설득력 있게 드러나 있기 때문이다. 강연을 준비하면서 이런 만남이 적절한 이유가 또 하나 떠올랐다. 예수님은 사람들을 만나실 때 인류 보편의 커다란 의문인 '삶의 의미'를 다루신 적이 많다. 세상은 무엇을 위해 존재하며 어떻게 잘못되었는가? 그 문제를 해결할 수 있는 방법은 무엇이며 우리는 해결을 위해 어떻게 동참할 수 있는가? 이런 의문의 답을 애초에 어디서 찾을 것인가? 이는 모든 사람이 가져야 하는 중요한 질문이며, 정직한 회의론자들이 특히 예리하게 탐색하는 의문이기도 하다.

이런 의문의 답은 가설로나마 누구에게나 있게 마련이다. 답을 찾지 못하고 삶을 살려고 한다면 머지않아 걷잡을 수 없이 허무함을 느끼게 될 것이다. 어떤 사람들은 그런 답이 필요 없다고 주장한다. 삶이란 광활한 우주 속의 무의미한 소일거리일 뿐임을 인정하고 그대로 두어야 한다고 주장한다. "살아 있는 동안 최대한 즐기라. 죽고 나면 이런 문제로 걱정할 일도 없다. 그러니 굳이 삶의 의미를 찾기 위해 고생할 까닭이 무엇인가?"

기독교인이 아니었던 프랑스 철학자 뤽 페리(Luc Ferry)는 《사는 법을 배우다》(*A Brief History of Thought*)라는 책에서 그런 말은 "너무 잔인하여 진심일 수 없다"라고 썼다. 그렇게 말하는 본인들도 마음 깊이 정말 그대로 믿을 수는 없다는 뜻이다. 사람은 아무런 희망이나 의미 없이 삶을 살 수 없다. 인생을 바칠 만한 가치 있는 일이 있다는 확신 없이는 살아갈 수 없다. 그래서 우리는 뤽 페리의 표현으로 "잘 살려면, 자유롭게 능히 기뻐하고 베풀고 사랑하며 살려면…" 이런 커다란 질문에 답이 있어야만 함을 안다.

이어 페리가 역설했듯이 이런 중요한 철학적 문제의 가능한 답은 거의 5-6가지 주요 사상 체계에서 비롯되었으며, 오늘날 가장 보편화된 답 중 대부분은 특히 그중 하나의 체계에서 왔다. 예컨대 당신은 일반적으로 원수를 죽이기보다 선대하며 손을 내미는 게 좋다고 보는가? 페리의 말처럼 원수를 사랑해야 한다는 개념은 기독교에서 왔을 뿐 다른 어디에도 없다. 차차 살펴보겠지만 오직 기독교만의 산물로서 세간에 정당하거나 고결하거나 아름답다고 여겨지는 개념은 그밖에도 많이 있다.

따라서 근본 질문들의 답을 탄탄하고 사려 깊게 제시하려면 기독교의 가르침을 조금이라도 숙지할 필요가 있다. 그러려면 예수께서 사람들을 만나실 때 자신에 대해, 만남의 목적에 대해 설명하셨고 그분의 답으로 말미암아 그들의 삶이 어떻게 달라졌는지를 보는 게 가장 좋다. 그것이 옥스퍼드 강연의 전제였고 그 강연이 이 책 1-5장의 기초이다.

그런데 책을 거기서 끝낼 수는 없었다. 예수님을 직접 대면해서 삶이 변화된 기사들을 공부하고, 그분의 아름다운 성품과 목적을 보고, 중요한 질문에 대한 그분의 답을 들은 뒤로도 아직 당신에게 질문이 하나 더 남아 있기 때문이다. 오랜 세월이 흐른 지금, 나는 어떻게 예수님을 만날 수 있는가? 나도 그 목격자들처럼 변화될 수 있는가?

기독교의 복음이 말하는 구원 - 영원한 변화 - 은 우리의 행위나 심지어 예수께서 사람들을 만나실 때 해 주신 말씀에서 나는 것이 아니다. 복음은 예수님이 우리를 위해 이루신 일에서 비롯된다. 따라서 삶을 변화시키는 예수님의 은혜와 능력을 가장 잘 접하려면 그분이 생애의 주요 사건들 - 출생, 광야와 겟세마네 동산에서 겪으신 고난, 제자들과 함께 보내신 마지막 몇 시간, 십자가의 죽음, 부활과 승천 - 을 통해 이루신 일을 보아야 한다. 바로 그런 행동을 통해 예수님은 우리의 힘으로는 절대로 이루지 못할 구원을 이루셨다. 그것을 깨달으면 예수님을 스승이나 역사적 인물로만 알던 당신도 그분을 구속자와 구주로 고백하고 삶이 변화될 수 있다.

그래서 책의 후반부에서는 예수님의 생애에서 몇 가지 핵심 사건을 살펴볼 것이다. 6-10장의 기초는 내가 몇 년간 뉴욕 시의 하버드클럽이라는 정기 조찬 모임에서 기업과 정부와 문화계의 지도자들을 상대로 했던 강연을 엮은 것이다. 옥스퍼드 강연과 마찬가지로 참석자의 다수는 교육 수준이 높고 성공한 이들이었으며, 고맙게도 각자가 가진 회의와 의문을 내게 털어 놓아 주었다. 양쪽 모두의 강연에서 나는 지난 수십 년 동안 으레 그랬듯이 복음서의 이 본문들로 다시 돌아갔다. 내가 성경의 "살아 있고 활력이 있"는 특성을 처음 느꼈던 본문들이다(히 4:12). 과거 수련회 강사가 가르쳐 주었듯이 매번 말씀 속에서 더 많은 것이 내 눈에 띄었고, 그때마다 내가 배운 내용을 나누고 싶은 열정도 더해 갔다.

이 책을 쓰고 싶었던 이유가 하나 더 있다. 사랑하는 손녀 루시는 생후 18개월이었을 때 분명히 많은 것을 지각하지만, 표현은 훨씬 그에 못 미쳤다. 아이는 무언가를 가리키거나 손에 들고는 나를 쳐다보며 아주 답답해하곤 했다. 무엇인가 말하고 싶은데 너무 어려서 소통할 수 없었던 것이다. 우리도 루시와 같은 그런 답답함을 느낄 때가 평생 많이 있다. 만약 당신이 무언가 심오한 경험을 하고 나중에 산 정상에서 내려오거나 콘서트홀이나 아무튼 어딘가에서 나와서는, 이를 다른 사람들에게 전달하려 하면 말로는 근처에도 가지 못한다.

기독교인도 자신이 경험한 하나님을 표현하고 싶을 때면 의당 누구나 그런 심정이 된다. 예수 그리스도가 어떤 분이시고 어떤 일을 하셨는지 그 순전한 아름다움을 사람들이 보도록 도와주는 게 교사이자 설교자로서 나의 본분이요 가장 간절한 소원이다. 그런데 내 말주변이 부족해서 그 아름다움을 다 전달하지 못하니 늘 답답하고 안타깝다. 어쩌면 본래 말이라는 것 자체가 역부족인지도 모른다. 다행히 이 어려운 숙제 앞에서 세상 무엇보다도 우리에게 큰 도움이 되는 게 있으니 바로 예수께서 사람들을 만나신 복음서의 기사다.

이런 기사를 접하는 것이 이번이 처음이든 1백 번째든, 당신도 그리스도의 인격과 그분이 우리를 위해 행하신 일에 다시금 감격하기를 바란다.

예수와의 조우,
인생의
답을 얻다

Encounters
with Jesus

The
Skeptical
Student

1
회의론자

나다나엘

처음 살펴보려는 만남은 한 회의론자 제자와 예수님의 미묘하고도 위력적인 만남이다. 어쩌면 인생의 모든 중요한 질문 중 가장 근본적인 질문이 여기에서 다루어진다. 삶의 커다란 질문에 대한 답을 어디서 찾아야 할까?

이 만남은 기독교에 회의적인 사람들에게 해 줄 말이 있으며, 비신자의 회의론을 상대하는 신자들에게도 유익하다.

예수를
찾아온
회의론자

———

이 만남은 요한복음의 서문 직후에 벌어진다. 프랑스 철학자
뤽 페리(Luc Ferry)는 이 서문을 사상사의 한 전환점으로 꼽았다. 헬
라인들은 우주에는 합리적 도덕 질서가 있다고 믿고 그 '자연 질서'
를 로고스(Logos)라고 칭했다. 헬라인에게 삶의 의미는 곧 세상을 관
찰하여 그 질서를 파악하는 데 있었다. 그들은 거기에 순응하여 잘
사는 것에서 삶의 의미를 찾았다. 복음서의 저자 요한은 의도적으
로 헬라 철학 용어인 로고스를 차용하여 예수님에 대해 이렇게 말
한다.

> 태초에 말씀(로고스)이 계시니라 이 말씀이 하나님과 함께 계셨으
> 니 이 말씀은 곧 하나님이시니라 그가 태초에 하나님과 함께 계
> 셨고 만물이 그로 말미암아 지은 바 되었으니 지은 것이 하나도
> 그가 없이는 된 것이 없느니라 그 안에 생명이 있었으니 이 생명
> 은 사람들의 빛이라 말씀이 육신이 되어 우리 가운데 거하시매

우리가 그의 영광을 보니(요 1:1-3, 14).

이 본문은 고대 철학 세계에 내리친 벼락과 같았다. 많은 현대 철학자와는 달리 요한은 헬라 철학자들처럼 삶 자체에 목적(텔로스, telos)이 있음을 인정했다. 모든 인간은 특별한 목적을 위해 창조되었으며 자유롭게 잘 살기 위한다면 그것을 인식하고 존중해야만 한다. 요한이 선언했듯이 세상은 그저 임의의 맹목적인 힘의 산물이 아니며, 역사도 '음향과 분노로 가득 찬 어느 어리석은 사람의 무의미한 이야기'가 아니다.

그런데 곧이어 성경은 삶의 의미가 어떤 원리나 추상적 합리 체계가 아니라 한 인격체(person)라고 주장한다. 이때 인격체는 이 땅을 사셨던 한 인간(예수-편집자주)을 말한다. 페리의 말처럼 이 주장은 당시의 철학자들에게 '미친 짓'으로 보였다. 그런데 그것에서부터 혁명이 태동했다. 기독교가 진리라면 잘 사는 삶이란 주로 철학적 명상과 지적 추구에 있지 않다. 기독교가 기준이라면 세상 사람의 대부분이 참된 삶의 의미를 모르고 사는 것이기 때문이다. 반대로 그 삶은 우리가 만나서 관계를 맺는 한 인격체의 손에 달려 있다. 이것은 출신 배경을 불문하고 누구에게나 어디서든 동일하게 적용된다.

실생활의 사례를 제시하고자 요한은 곧바로 현실로 넘어가 예수님과 제자들의 교류를 보여 준다. 그 당시에는 대학이 없었고 학생이 되려면 스승의 문하에 들어가야만 했다. 그래서 신앙의 스승이 있고 학생 혹은 제자가 되어 그들을 따르는 사람도 많았다. 당대에 가장 돋보이던 전위적인 스승은 세례 요한이었다. 그는 인기가 있고 추종자가 많았으며 헌신된 다수의 제자가 있었다. 그중 역사에 기록된 일부가 안드레와 빌립이다. 안드레는 베드로와 형제 사이였고, 빌립은 친구 나다나엘을 예수께 데려왔다. 일부 제자들은 장차 오실 메시아에 대한 세례 요한의 말을 믿었다. 그 메시아를 요한은 '하나님의 어린 양'이라고 칭했다(요 1:29). 하지만 개중에는 메시아에 대해 회의적인 사람도 더러 있었다. 나다나엘도 예수 그리스도를 만나기 전까지는 그런 회의론자였다.

이튿날 예수께서 갈릴리로 나가려 하시다가 빌립을 만나 이르시되 나를 따르라 하시니 빌립은 안드레와 베드로와 한 동네 벳새다 사람이라 빌립이 나다나엘을 찾아 이르되 모세가 율법에 기록하였고 여러 선지자가 기록한 그이를 우리가 만났으니 요셉의 아들 나사렛 예수니라 나다나엘이 이르되 나사렛에서 무슨 선한 것이 날 수 있느냐 빌립이 이르되 와서 보라 하니라 예수께서 나다나엘이 자기에게 오는 것을 보시고 그를 가리켜 이르시되 보라 이는 참으로 이스라엘 사람이라 그 속에 간사한 것이 없도다 나다나엘이 이르되 어떻게 나를 아시나이까 예수께서 대답하여 이르시되 빌립이 너를 부르기 전에 네가 무화과나무 아래에 있을 때에 보았노라 나다나엘이 대답하되 랍비여 당신은 하나님의 아들이시요 당신은 이스라엘의 임금이로소이다 예수께서 대답하여 이르시되 내가 너를 무화과나무 아래에서 보았다 하므로 믿느냐 이보다 더 큰 일을 보리라 또 이르시되 진실로 진실로 너희에게 이르노니 하늘이 열리고 하나님의 사자들이 인자 위에 오르락내리락하는 것을 보리라 하시니라(요 1:43-51).

나사렛에서
무슨 선한 것이
나올 수 있는가
———

우선 나다나엘의 문제에 주목해 보자. 그는 똑똑한 척하는 사람이었고 조금 편협하기도 했다. 빌립이 그에게 와서 "네가 만나 볼 새 랍비가 계신다. 그분에게 우리 시대의 중대한 의문들에 대한 답이 있다. 그분은 나사렛 출신이다"라고 말하자 나다나엘은 "설마 나사렛에서!"라고 비웃었다. 당시 예루살렘 출신은 모두 다 갈릴리 출신을 우습게 보았다. 이런 태도는 인류의 본성이다. 어떤 동네는 늘 다른 동네를 '후진 동네'라고 멸시한다. 그러면 멸시당한 사람은 어떻게 반응할까?

자신도 멸시할 다른 대상을 물색한다. 이러한 일들은 끝없이 반복된다. 심지어 나다나엘은 예루살렘 출신이 아니라 갈릴리 출신이었다. 그런 그도 나사렛 같은 곳은 함부로 여겨도 된다고 여겼다. 나사렛은 갈릴리 중에서도 더 낙후된 시골로 생각되었기 때문이다. 옳고 똑똑한 적임자 부류가 늘 있고 나머지는 다 (목소리를 낮추어) '기타 등등'이었다. 옳고 똑똑한 적임자 부류에게 당신도 그들 편이라고 신호를 보내려면, 기타 등등의 사람이나 지역이 언급될 때 조롱의 눈빛을 보내면 된다.

우리는 타인의 눈에 유능하고 똑똑해 보이기를 원한다. 그런데 그 정체감을 정중하고 탄탄한 논증이 아닌 조롱과 멸시를 통해 얻으려고 할 때가 많다. 그래서 다른 사람들의 단순한 실수조차도 낙오와 퇴보와 무식으로 둔갑시킨다. 나다나엘은 나사렛 같은 곳의 출신자에게 우리 시대의 중대한 의문들에 대한 답이 있다는 것이 믿어지지 않았다. "그 사람에게 답이 있다고? 나사렛 출신인데? 그럴 리가 없지." 그는 멸시의 눈빛을 보냈다. "진짜 그곳 출신이야? 정말?"

당신이나 당신의 지인이 기독교에 대해 '나사렛'과 같이 본다고 해도 놀랄 일이 아니다. 오늘날 기독교를 나다나엘이 나사렛을 보듯 하는 사람이 많다. 기독교는 사람들에게 '나사렛'에 불과하다. 사람들은 자신이 생각하는 기독교를 조롱하기 좋아한다. 그리스도가 어떤 분이며 자기들을 위해 어떤 일을 하셨고 또 하실 수 있는지에 대한 기독교의 주장에도 마찬가지의 태도를 취한다. 기독교에 대해 좀 안다는 사람들은 하나같이 "기독교라면 나도 다 알아. 그 속에서 자랐어. 나한테는 맞지 않음을 진즉 깨달았지. 내 마음은 이미 정해

졌어"라고 말한다. 이렇듯 과거에도, 현재에도 예수님은 여전히 나사렛 출신에 불과하다.

만약 이것이 기독교를 대하는 당신의 태도라면 두 가지를 권하고 싶다. 당신에게 두 가지 문제가 있다고 생각되기 때문이다. 첫째, 이런 멸시는 언제나 해롭다. 모든 창의성과 문제 해결을 완전히 말살하며, 관계의 깨어지고 어그러짐을 준다. 타라 파커 포프(Tara Parker-Pope)는 결혼에 관한 저서 《연애와 결혼의 과학》(For Better)에서 이러한 태도가 심각한 관계 문제에 빠져 있음을 보여 주는 결정적 경고라고 꼽는다.

결혼 상담자들도 그 행위에 주목한다. 상대를 경멸한다는 신호이기 때문이다. 부부 관계가 건강하면 실망과 이견과 고통과 좌절을 헤쳐 나갈 수 있다. 그러나 상대를 완전히 멸시하는 행위는 쉽게 감당하기 어렵다. 경멸은 말 그대로 관계를 죽이기 때문이다. 더 구체적인 예로, 만약 우리가 열쇠를 잃어버렸다면 열쇠가 '있을 만한' 곳부터 살피게 된다. 그래도 없으면 열쇠가 '있을 리 없는' 곳을 살펴보아야 한다. 물론 대부분의 경우 잃어버린 열쇠는 후자에 있기 마련이다. 요컨대 특정한 개념이나 사람을 무조건 거부하는 것보다 좋은 관계에 더 해로운 일은 없다.

또 다른 문제는 보다 더 본질적이다. 당신은 기독교를 멸시함으로써 자신의 많은 핵심 가치관의 살아 있는 원뿌리를 잘라낸다. 앞서 보았듯이 평화로운 문명의 기본 개념 중에는 원수를 죽이지 말라는 내용이 있다. 잘 알겠지만 이 개념은 기독교에서 유래했다. 현대인의 의식 속에 스며든 또 다른 기본 개념은 뤽 페리가 지적했듯이 모든 인간은 재능이나 재물이나 인종이나 성별과 무관하게 하나님의 인격적 형상대로 지어졌으며 존엄성과 권리를 지닌다는 것이다. 페리의 말마따나 로고스가 인격체라는 기독교의 가르침이 없었다면 오늘 우리가 지지하는 인권의 철학은 결코 확립되지 못했을 것이다.

기독교에서 유래한 오늘날 당연시되는 또 하나의 시각은 가난한 사람을 돌보는 일이다. 수사들이 유럽에 처음 기독교를 전파할 때, 모든 지배층은 원수를 사랑하고 빈민을 돌보는 일을 미친 짓으로 여겼다. 이는 세상의 이치에 어긋나고 사회를 붕괴시킨다고 생각했다. 그들에게는 재주가 좋고 힘이 센 사람이 이긴다는 법칙만이 존재했다. 곧 그 세계는 승자독식이고 약육강식이 팽배했다. 그들에게 있어 가난한 사람은 고생하기 위해 태어난 존재들이었다. 세상만사가 늘 그렇게 돌아가지 않던가? 그런데 기독교의 가르침이 유럽 사회에 혁신을 몰고 왔다. 인간의 존엄성과 원수에게까지 미치는 사랑의 절대성, 빈민과 고아의 구제 등을 강조하고 받아들인 것은 실로 놀라운 일이었다.

당신은 이렇게 말할지 모른다. "그런 개념이 성경과 교회에서 유래했다니 흥미로운 역사적 논증이군요. 하지만 기독교를 믿지 않고도 그런 가치관을 품을 수 있습니다." 한 편으로는 맞는 말일 수 있으나 근시안적 반응임은 틀림이 없다.

창세기 속
전통
들여다보기

———

창세기는 성경이 계시되기 이전의 문화들을 보여 주는 창과 같다. 널리 시행되던 장자상속권이 일찍부터 눈에 띈다. 이는 전 재산을 맏아들에게 상속함으로써 사회에서 가문의 지위와 위상을 확실히 지키던 제도였다. 둘째나 셋째 아들은 아버지로부터 받을 것이 없거나 적었다. 그런데 성경을 자세히 살펴보면, 하나님께서는 늘 사람을 택하여 쓰실 때 동기간 중 어린 쪽을 택하셨다. 가인 대신 아벨을, 이스마엘 대신 이삭을, 에서 대신 야곱을, 열한 명의 형제들을 대신해 요셉을 택하셨다. 매번 하나님께서는 세상이 예상하고 상을 베푸는 대상인 장자를 택하지 않으셨다. 비유적으로 본다면 그분은 예루살렘 출신이 아닌 늘 나사렛 출신을 택하신 것이다!

창세기에 나타난 또 하나의 문화 전통이 있다. 고대 사회에서는 자식을 많이 낳는 여자가 영웅으로 칭송되었다. 자식이 많다는 것은 경제적 성공과 군사적 성공을 의미했으며, 가문이 이어질 가망성이 보장된다는 뜻이었기 때문이다. 그래서 여자에게 있어 불임은 수치와 오명이었다. 그런데 성경을 살펴보면 하나님께서는 여자를 통해 일하실 때마다 자녀를 낳지 못하는 사람을 택하시고, 그들의 태를 여신다. 세상이 보기에 축복받고 사랑받는 여자보다 멸시받는 여자를 택하신 것이다. 예컨대 그분은 아브라함의 아내 사라, 이삭의 아내 리브가, 사무엘의 어머니 한나, 요한의 어머니 엘리사벳을 택하셨다. 다시 말하지만, 하나님께서는 남자든 여자든 아무도 원하지 않는 사람을 통해 일하신다.

당신은 약자를 사랑하시는 하나님을 떠올리며 기독교에 있어 이 부분만은 아주 멋지고 고무적이라고 생각할지도 모른다. "성경의 그 부분은 나도 수긍할 수 있어. 하지만 하나님의 진노, 그리스도의 피, 몸의 부활 등은 절대로 받아들일 수 없어"라고 혼잣말을 할지도 모른다.

그러나 성경에 있어 그런 부분 - 부담스러운 초자연적인 부분 - 은 곁가지가 아니라 중심이다. 유일무이한 성경의 메시지이자 핵심은 불멸의 초월자이신 하나님께서 친히 인간의 모습으로 이 땅에 오셔서 고난과 죽음을 당하기까지 약해지셨다는 것이다. 이는 모두 우리를 위해서, 즉 우리 죄를 속하시고 우리 몫의 벌을 대신 받기 위해서였다. 그게 사실이라면 이것이야말로 인간이 상상할 수 있는 가장 놀랍고도 철저한 헌신과 사랑과 희생의 행위이다. 우리를 매료하는 기독교 윤리의 혁명적 개념들에 이보다 탄탄한 근거와 역동적인 동기란 있을 수 없다.

기독교 윤리가 특별한 까닭은 예수님과 초대 기독교인들이 세상을 살기 좋은 곳으로 만들려고 온갖 멋진 일을 했기 때문이 아니다. 앞서 말한 개념들은 기독교의 궁극적인 메시지를 깨닫기 전까지는 이해되기 어렵다. 그 메시지를 압축한 것이 바로 성경이 말하는 '복음'이다.

기독교가 다른 모든 종교나 사상 체계와 구별되는 차이점의 정수는 바로 '복음'이다. 다른 모든 종교는 신을 발견하고 자아를 발전시키고 의식을 고양하기 위해 그에 상응하는 노력을 해야만 한다. 신을 어떻게 정의하든 그 신과 연결되려면 힘을 다하여 규율을 지키고, 생각을 비웠다가 채우고, 세상 속에서 평균 이상의 사람이 되어야 한다. "세상이나 자아를 바로잡고 싶거든 당신의 이성과 힘을 총동원하여 특정한 방식대로 살아가라." 이것이 다른 모든 종교와 인간의 철학이 하는 말이다.

그런데 기독교는 이와는 정반대로 말한다. 타종교와 철학은 스스로 무엇인가를 해야만 신을 만날 수 있다고 말한다. 반면에 기독교는 성육신하신 예수 그리스도가 오셔서 내 힘으로 할 수 없는 일을 대신하셨다고 말한다. 또 타종교와 철학은 중요한 의문들의 답을 찾으려면 노력이 필요하다고 말한다. 하지만 기독교는 예수님이 그 모든 것의 '답'이라고 말한다. 수많은 사상 체계는 성공한 강자를 위해 존재한다. 힘과 행위를 충분히 쌓는 사람이 이긴다는 그들의 신념과 맞아떨어지기 때문이다.

　　그러나 기독교는 강자만을 위한 종교가 아니다. 모든 사람, 특히 정말 중요한 부분에서 자신의 연약함을 고백하는 이들을 위해 존재한다. 다시 말해, 특별한 힘의 도움으로 다음 사실을 인정하는 이들을 위해 존재한다. 그들은 자신의 결함이 피상적이지 않고, 마음이 깊이 병들어 있으며, 자기 힘으로는 그 무엇도, 특별히 자기 자신조차도 고칠 수 없다고 고백한다. 기독교는 하나님과 바른 관계를 맺으려면 구주가 필요함을, 즉 십자가에 죽으신 예수 그리스도가 필요함을 볼 줄 아는 이들의 것이다.

　　방금 내가 한 말을 생각해 보라. 기껏해야 직관에 반하게 들리고 최악의 경우 반감을 자아낼 수도 있다. 기독교가 비범한 이유는 "신을 찾으려면 당신이 이렇게 해야 한다"가 핵심이 아니기 때문이다. 기독교는 하나님이 당신을 위해 이 땅에 오셔서 십자가에 죽으셨다는 것이 핵심이다. 이는 기독교가 세상에 기여해 온 완전히 다르고 특별한 진리다. 나머지 모든 혁명적 개념 - 약자와 빈민을 돌보고, 권력과 성공 대신 사랑과 섬김을 위하여 살고, 원수까지도 희생적으로 사랑하는 등 - 은 복음에서 파생되는 결과다. 복음이란 우리의 근본적 죄의 문제를 해결하기 위해 하나님께서 친히 예수 그리스도가 되셔서 이 땅에 오셨으며, 우리 힘으로는 감당할 수 없는 죄의 문제를 해결하셨다는 것이다.

　　이제 당신에게 묻겠다. 당신이 가진 삶의 소신의 근원은 인정하면서 즉, 기독교의 가르침 중 한 부분은 받아들이면서 그것을 설명해 주고 일관성을 더해 주는 기독교의 다른 부분은 받아들이려 하지 않는가? 나다나엘처럼 되지 말라. 기독교가 그저 구식이거나 지적으로 세련되지 못하다는 생각에 속아 기독교에 담긴 진정한 복을 놓치지 말라. 당신의 교만과 편견을 조심하라. 경멸하며 일축하지 않도록 주의하라. 그런 자세는 삶의 모든 부분에 독이 되지만 근본 질문을 던지는 이 부분에서는 특히 더하다.

요컨대 나다나엘의 이야기에서 가장 중요한 면은 '교만'과 '멸시'의 문제다. 그러나 그의 비웃음에도 불구하고 그의 내면 깊은 곳에는 영적 욕구가 있다. "나사렛에서 무슨 선한 것이 날 수 있느냐"라던 그가 불과 몇 분 만에 "랍비여, 당신은 하나님의 아들이시요 당신은 이스라엘의 임금이로소이다"라고 고백한다. 예수께서 그분의 정체에 대해 믿을 만한 증거를 조금 내보이시자 나다나엘은 즉각 충성의 대상을 바꾼다. 어쩌면 너무 빨랐다(곧 보겠지만 예수님은 시간을 들여 충분히 생각하지 않은 나다나엘을 슬쩍 꾸짖으신다). 나다나엘의 그런 모습에 당신은 놀랐는가? 나는 놀라지 않았다.

지금
우리의 씨름은
무엇인가?

———

20년도 더 전에 맨해튼으로 이사하고, 아내 캐시와 나는 교회
개척을 꿈꿨다. 사람들은 뉴욕 시에는 야심차고 똑똑한 젊은이가
많기 때문에 맨해튼에 교회를 개척하면 아무도 오지 않을 것이라고
말했다. 그들은 제도 종교와 특히 기독교를 우습게 안다고 생각했
다. 기억하겠지만 기독교는 예루살렘이 아닌, 나사렛 출신을 선택
한다. 사람들은 기독교라면 멸시의 시선을 갖는다. 그런데 신기하
게도 예상 밖의 결과를 얻었다. 현재 리디머교회는 주일예배에 꾸
준히 참석하는 사람만 5천 명이 넘는다. 예상과 다르게 맨해튼에서
시작한 우리 교회는 성장하는 공동체이다.

그 이유는 나다나엘이 변화된 것과 같다. 공공연히 요란하게
내세우던 회의론 이면에는 많은 영적 탐색이 이루어지고 있었다.
그 야심차고 똑똑한 모든 젊은이는 겉으로는 근본 문제의 답에 별
로 관심이 없거나 각자 열심히 추구하던 분야에서 이미 답을 찾은
척했다. 그러나 속에는 우리와 똑같이 아무도 피할 수 없는 욕구가
숨어 있었다. 그들은 답을 찾아야 했고 그중 다수가 기독교에서 답
을 얻었다.

마찬가지로 나다나엘도 그 모든 허세에도 불구하고 빌립과 함

께 예수님을 만나기 위해 갔다. 그가 멸시의 대상인 나사렛 출신의 예수님을 찾아온 이유는 무엇일까? 그 세대의 많은 젊은 유대인처럼 그도 다음과 같은 고민을 했었을 것이다. 당시 유대 민족은 로마에 짓밟힌 채 하나님이 무엇을 하고 계신지 알 길이 없었다. 그들은 단체로 민족 정체성의 위기를 겪고 있었다. 메시아를 어디서, 어떻게 찾아야 할까? 앞날이 어찌될까? 유대 민족은 아직도 하나님의 백성인가 그렇지 않은가? 하나님이 유대 민족을 버리셨을까? 분명히 그는 이런 의문에 대해 타인에게 얻은 답에 만족하지 못했고, 어쩌면 자신의 영적 상태에도 만족하지 못했을 것이다. 그래서 '믿지 못할 소리지만 나사렛이라도 봐야 할지 모르겠군'이라고 생각했다.

현시대의 학생들은 각기 다른 굵직한 인생 문제들로 씨름한다. 그중 다수는 일류 학교와 유명 서적에서 얻은 답에 만족하지 못하여 나다나엘처럼 예수를 조용히 탐색할 수도 있다. 이런 변화의 전형적 예를 1939년에 맨해튼으로 이사했던 유명한 시인 W. H. 오든(W. H. Auden)의 삶에서 볼 수 있다. 당시 그는 이미 훌륭한 작가였고, 어린 시절 믿었던 성공회 신앙을 버린 상태였다. 영국 지식층이었던 친구들도 대부분 신앙을 버렸다. 그런데 제2차 세계대전이 발발한 뒤로 오든의 생각이 바뀌었다. 그는 기독교의 진리를 받아들이고 다시 교회로 돌아가 많은 사람을 충격에 빠뜨렸다.

어찌된 일일까? 그가 자신의 영혼 소생을 술회한 글에 따르면, 1940년대 나치즘은 만인의 정의와 자유를 믿는 척조차 하지 않아 큰 충격을 안겨 준다. 그들은 "이웃을 자신처럼 사랑하라는 명령은 여자처럼 심약한 부류에게나 어울린다"라는 이유로 기독교를 공격했다.[1] 게다가 "자유주의가 표방해 온 모든 것을 나치즘이 전면 부인함에도 불구하고 야만국도 아니고 유럽에서 교육 수준이 가장 높은 축에 드는 나라가 미친 듯이 열광했다." 이 모든 것에 비추어 오든은 자유주의(이 단어는 그에게 자유와 이성, 민주주의, 인간의 존엄성을 뜻했다)의 가치가 자명하다는 전제를 더는 믿지 않았다.

> 만일 내가 고등 교육을 받은 나치즘은 틀렸고, 고등 교육을 받은 영국인은 옳다고 확신한다면, 무엇을 기준으로 우리의 가치관은 정당하고 저들의 가치관은 부당하다고 말할 수 있는가? 악의 화신인 히틀러를 성토하며 지금 하늘에 부르짖는 영국 지식층에게는 부르짖을 대상인 하늘이 없다. 자유주의 사상의 전체 추세는 절대자에 대한 믿음을 무너뜨렸다. 이성을 재판관으로 삼으려 했다. 그러나 삶이란 가변적 과정이므로 인간이 약속을 지키려는 시도는 불가피한 결과를 낳는다. 즉 나한테 편리한 대로 매번 약속을 어기면 그만인 것이다. 우리는 절대자를 섬겨야 한다. 그렇지 않으면 히틀러 같은 괴물이 잔학한 인습을 꾸며내 악을 자행한다.

교회에서 자란 오든에게까지도 기독교는 나사렛 출신이었다.

그는 기독교를 무용한 폐물로 여겨 등졌었다. 그런데 나치즘의 등장은 새로운 눈을 뜨는 계기가 됐다. 그가 인권과 자유와 해방을 믿었던 이유는 무엇인가?

자연 세계의 작동 원리는 약육강식이다. 만일 강자가 약자를 이기는 것이 순리이며 지금의 우리도 순전히 자연적이고 자생적인 진화 과정의 산물이라면, 강한 나라가 약한 나라를 지배한다고 해서 왜 우리가 돌변하여 "그것은 틀렸다"라고 말하는가? 무슨 근거로 그럴 수 있는가? 아프리카 수단에서 강한 부족이 약한 부족을 '잡아 먹는' 인종 학살을 잘못이라 말할 수 있는 근거가 무엇인가? 하나님이 없다면 나의 정의관은 사견에 불과할 뿐이다. 그러니 어떻게 나치즘을 비난할 수 있는가?

하나님이 없는 한 오든은 내 감정이나 생각이 다른 사람의 감정이나 생각보다 정당하다고 말할 권리가 없음을 깨달았다. 하나님이 없다면 우리가 소중히 여기는 모든 가치는 가공의 산물임을 깨달은 것이다. 그런데 그게 가공의 산물이 아니라고 - 인종 학살이 정말 절대 악이라고 - 확신했기에 그는 하나님이 있을 수밖에 없다는 결론에 다달았다.

회의론자 제자 나다나엘처럼 오든도 자기 시대의 '옳은 부류'가 기독교를 비웃는다는 사실에 얽매여 있었다. 그런데 자신의 지적인 의문 - 특히 도덕 가치의 기초에 대한 의문 - 에 답이 없었기에 기꺼이 예수님을 새로 보았다. 그렇게 나사렛 사람에게 마음을 열자 그도 나다나엘과 똑같은 체험을 했다. 믿음이 싹튼 것이다.

시인 오든을 신앙에 이르게 한 논리를 철학자 알래스데어 매킨타이어(Alasdair MacIntyre)가 《덕의 상실》(After Virtue)에서 제시했다. 매킨타이어는 사물의 목적(telos)을 모르고는 그것의 좋고 나쁨을 결코 분간할 수 없다고 역설한다. 예컨대 그는 시계가 좋은지 나쁜지를 어떻게 아느냐고 묻는다. 시계의 목적을 알아야만 한다. 시계로 못을 박으려다가 시계가 망가지면 '나쁜 시계'라고 불평하는가? 물론 아니다. 시계는 못을 박으라고 만들어진 게 아니다. 시계의 목적은 정확한 시간을 알려 주는 것이다. 동일한 원리가 인간에게도 적용되어야 한다. 인간이 무엇을 위해 지어졌는지 모르고서 어떻게 특정인이 좋은 사람인지 나쁜 사람인지 알 수 있겠는가? 인간의 존재 목적을 알아야만 한다.

그런데 당신이 이렇게 말한다면 어떻게 될까? "나는 하나님이 있는지 없는지 모른다. 인간이 지어진 목적도 없다고 생각한다." 그렇게 믿는다면 당신은 다시는 인간의 선악에 대해 말해서는 안 된다. 인간이 지어진 목적이 없다고 믿으면서 당신이 특정인에 대해 "저 사람은 바르게 살지 않는다. 행실이 틀렸다"라고 말한다면 이는 자가당착이나 표리부동이다.

만약
예수를
만난다면

———

나는 기독교가 진리임을 증명할 수 없다. 그러나 예수님을 믿을 만한 탄탄한 근거가 있음을 당신에게 보여 줄 수는 있다. 만약 당신이 중요한 질문들에 대해 지금보다 나은 답을 찾으려는 깊은 욕구를 나다나엘처럼 기꺼이 인정한다면, 이 나사렛 사람에 대하여 잘 생각해 보라고 권하고 싶다. 물론, 더 이상 기독교를 멸시의 눈으로 보지 않겠다는 의향을 전제로 했을 때 말이다. 나사렛에서 기원한 여러 개념이 세상을 바꾸어 놓았음을 생각한다면 당신이 굳이 그러지 못할 이유도 없다.

나다나엘의 이야기에서 살펴볼 또 다른 측면은 예수께서 그의 욕구를 채워 주시려고 내놓으신 처방이다. 예수님은 그를 만나 두 가지를 말씀하신다. 우선 그를 "그 속에 간사한 것이 없"는 이스라엘 사람이라 칭하신다. 나다나엘이 솔직하고 직설적인 사람이라는 예수님의 평은 아마 좋게 표현해 주신 말씀일 것이다. 다른 이들에게는 그가 거슬려 보였을 수 있다. 거침이 없고 늘 타인의 심기를 건드렸기에 그를 싫어하는 사람도 많았을 것이다. 그런데 예수님은 여기서 자신의 일면을 우리에게 보여 주신다. 그분은 우리를 밑바닥까지 꿰뚫어 보시면서도 온유하게 대하신다. 나다나엘은 그분의 통찰(어쩌면 인자하신 마음)에 놀라 "어떻게 나를 이렇게도 잘 아십니까"라고 묻는다.

그러자 예수님은 "네가 무화과나무 아래에 있을 때에 보았노라"라고 말씀하신다. 여담이지만 이 사건이 목격자 진술임을 믿을 수 있는 이유가 여기에 또 있다. 무화과나무 아래서 무슨 일이 벌어졌고 그것이 왜 중요한지에 대해서 성경의 다른 어디에도 나와 있지 않다. 허구의 이야기를 지어내는 사람은 그렇게 하지 않는다. 줄거리가 진행되지 않을 뿐더러 독자의 주의를 어지럽히기 때문이다. 그렇다면 나다나엘은 무화과나무 아래서 무엇을 하고 있었을까? 아무도 모른다. 예수께서 그 사실을 아셨다는 것이 중요하다. 예수께서 이를 아시고도 자신을 좋게 보셨다는 게 나다나엘로서는 너무도 중요하고 놀라웠다. 그래서 그는 "당신은 이스라엘의 왕이요 메시아로소이다"라고 고백한다.

그러자 예수님은 그를 부드럽게 꾸짖으신다. "처음에는 잔뜩 회의적이더니 이제 덥석 나를 받아들이느냐. 하지만 내가 정말 누구인지는 너에게 말도 꺼내지 않았느니라. 어제까지도 혐오하며 피하던 네가 오늘 감정 체험을 했으니 이는 너를 초자연적으로 아는 사람을 만났음이로다. 하지만 서두르지 말고 너무 감동하지 말라. 너는 내가 누구인지 아직 정말 모르느니라."

예수께서 부활하신 후에 그분의 제자 도마는 다른 제자들에게 "내가 그의 손의 못 자국을 보며 거기에 내 손가락을 넣어 보지 않고는 그가 죽은 자 가운데서 살아나셨음을 믿지 아니하겠노라"라고 말했다. 그 후에 도마에게 나타나신 예수님은 "네가 어찌 감히 나를 의심하느냐"라고 하지 않으시고 "자, 보라. 이제부터 의심을 버리고 믿으라"라고 하셨다. 이는 다음과 같은 의미다. "나를 믿을 근거를 찾고자 했으니 잘하였도다. 네가 선의로 구하니 내가 그 근거를 주리라." 예수님은 인간의 사고 활동을 반대하지 않으신다. 오히려 나다나엘에게 좀더 생각하라고 독려하신다.

그러므로 당신이 기독교에 회의적이라면 균형이 필요함을 깨닫기를 원한다. 한편으로 회의론을 영원히 고수하면 지적으로나 도덕적으로나 자멸의 길을 가게 된다. 반대로 깊은 정서적 욕구를 채워 줄 수 있는 개념에 서둘러 항복한다면 결국 아무런 의문도 해결하지 못할 것이다. 주관적 욕구가 채워진다는 이유만으로 기독교에 귀의해서는 부족하다. 기독교는 소비 상품이 아니다. 진리를 발견하고 기독교에 귀의해야 한다.

예수께서 나다나엘에게 주신 마지막 말씀을 눈여겨보았는가? 그분은 "네가 그 이유로 나를 믿느냐. 진실로 네게 이르노니 하나님의 천사들이 인자 위에 오르락내리락하는 것을 보리라"라고 하셨다. 당신이 예수님을 처음 찾아온다면 나다나엘과 같은 생각을 품고 있을 것이다. '커다란 의문의 답은 아마 얻지 못하겠지만 그분의 도움으로 더 나은 사람이 될 수 있을지도 몰라. 내 외로움이나 다른 문제를 해결해 주실지도 몰라.' 이처럼 우리는 예수님께 갈 때 세상과 믿음 사이에서 양다리를 걸친다. 자신의 욕구가 과연 채워질지에 대해 유보적 태도를 견지한다.

그런데 실제로 예수님을 만나면 그분은 늘 당신의 상상을 훨씬 초월하신다. 나다나엘이 인자 위에 오르락내리락하는 천사들을 보리라던 그분의 말씀은 구약의 한 사건에서 인용한 것이다. 야곱이 꿈속에서 보니 하늘과 땅 사이에 사다리가 있고 천사들이 사다리를 오르락내리락했다. 천사는 왕이신 하나님의 임재를 상징한다. 인류가 하나님을 등지고 서로 해친 결과로 하늘과 땅의 층간이 막혔다. 이상과 현실 사이에 벽이 생겼다. 그런데 야곱은 하늘과 땅이 신기하게 이어질 날을 꿈과 환상 중에 보았다. 그날이 오면 하나님의 임재 안에 직접 들어갈 길이 열린다. 여기서 예수님은 자신이 곧 그 길이라는 엄청난 주장을 펴신다. 그분은 우주의 로고스요 하늘과 땅을 잇는 다리다.

나다나엘에게 주신 대답에서 예수님의 웃음소리가 들리는 것만 같다. 사실상 이런 말씀과 같다. "저런! 내가 메시아로 보이느냐. 필시 내가 말을 타고 로마의 압제 세력을 전복할 줄로 생각하겠구나. 그래서는 인간 조건을 송두리째 변화시키고 악과 사망을 정복하고 세상을 새롭게 할 수 없느니라. 그보다 훨씬 큰 일을 보여 주리라. 네게 말하노니 나는 세계의 축(axis mundi)이라. 내가 하늘과 땅의 층간에 구멍을 뚫었노라. 인간이 된 나의 성육신과 네가 아직 보지 못한 십자가의 죽음으로 말미암아 너를 하나님의 임재 안으로 곧장

인도할 수 있느니라."

대부분의 구도자가 영적 탐색에 나설 때 실망을 우려하지만, 예수님의 말씀처럼 그분은 우리가 찾던 것보다 늘 무한히 더 크시다. 늘 우리의 기대를 능가하며, 우리가 구하거나 생각하는 것 이상을 행하신다.

그러니 당신도 편견을 버리고 나다나엘과 함께 와서 보라. 와서 보고 당신의 친구들과 함께 예수님에 대해 대화하라. 이때 우선순위와 기준이 바뀔 각오를 하고 오라. 당신이 기대하고 바라고 꿈꾸는 게 무엇이든 나사렛에서 그보다 훨씬 큰 무언가를 만날 것이다.

기득층과
소외층이 있는
현 세상,
뭔가 잘못된 거 아닌가

The
Insider and
The Outcast

2
인사이더와 아웃사이더

니고데모와 사마리아 여인

　내부자와 소외층의 두 이야기에서 우리는 구체적인 질문을 하게 된다. "현재의 세상은 무엇이 잘못되었는가?" 문제를 명확히 이해하지 않고는 세상을 어떻게 발전시킬 것인가의 주제로 넘어갈 수 없다. 진단이 있어야만 처방이 가능하기 때문이다. 여기서 몇 가지 확실한 답을 얻으리라 믿는다.

내부자와
외부자

요한복음 3장에서 예수 그리스도는 매우 도덕적인 내부자를 만나신다. 그는 민간과 종교 당국의 지도자였다. 그다음 장에 예수님이 만나는 사람은 사회적 도덕적 종교적 외부인 - 소외층 - 이며 하필 여자였다. 두 이야기는 기독교인들에게는 잘 알려져 있는 본문이다. 인물 묘사가 꽤 세밀하며 기억에 남을 만한 대화가 가득하기 때문이다. 흥미롭게도 누구든지 이 본문을 가르칠 때면 거의 매번 둘 중 하나만 다루지 둘을 함께 다루지 않는다. 내 생각에 이는 잘못이다. 복음서에 두 만남이 나란히 등장하는 데는 이유가 있다고 믿기 때문이다. 저자는 우리가 양쪽을 함께 살피기를 원한다. 이 두 사람은 겉보기에 너무 다른 환경을 가졌기 때문에 언뜻 보면 서로 무관해 보인다. 하지만 저자는 우리를 다음 질문으로 이끈다. "완전히 다른 내부자와 소외층의 공통점은 무엇인가?"

이 두 인물(우물가 여인과 니고데모)에게 공통점이 있다면 우리에게도 공통점이 있을 것이다. 그러므로 두 만남을 함께 살펴보면 세상의 실태에 대해 그리고 오늘의 세상이 되기까지 우리 모두가 하는 역할에 대해 요한이 하려는 말을 더 잘 깨달을 수 있다.

죄에 대하여 언급하지 않고 이 두 만남을 거론할 수는 없다. 죄와 죄인이라는 단어에 문화적 부하가 많이 걸려 있음을 나도 안다.

그리스도인이 그런 단어를 쓸 때 사람들이 긴장하는 이유도 알 만하다. 안타깝게도 이 두 단어는 비기독교인을 소외시키고 대상화하는 데 주로 쓰여 왔다. 기독교인은 비기독교인을 향해 "당신은 나와 의견이 다른 정도가 아니라 죄인이다"라고 말하기가 얼마나 쉬운가. 허구의 도덕적 고지에 올라서서 저 아래의 사람들을 판단하는 데 으레 그 단어가 쓰였다. 당신이 죄인이라면(바탕에 나는 죄인이 아니라는 의미가 깔려 있다) 아예 대화 상대조차 못 된다. 당신의 질문에 성실하게 응할 게 아니라 그냥 무시하면 된다.

이는 죄를 잘못 이해한 것이다. 죄를 성경적으로 바르게 이해하면 훨씬 근본적이고 광범위하다. 그 단어를 기독교인은 결코 무기로 쓸 수 없다. 그렇게 사용하는 본인에게도 부메랑처럼 돌아오기 때문이다. 성경대로면 아무도 죄인이라는 판결에서 벗어날 수 없다. 그게 바로 이 두 이야기의 요지다.

예수가 만난
사마리아 여인

우선 예수님을 만난 소외층부터 살펴보자. 요한복음 4장에는 예수님과 우물가의 여인의 만남이 등장한다. 여기에 제시된 죄의 모습은 대부분의 사람들이 인정할 것이다. 예수님은 제자들과 함께 유대를 벗어나 사마리아를 통과하시던 중이었다. 동네에 이르자 제자들은 음식을 구하러 갔고, 예수님은 몹시 피곤하고 목이 말랐다. 그래서 여섯 시 곧 지금의 정오, 한낮에 우물로 향하신다. 두레박이 없으니 물을 뜰 방도가 없었다. 그때, 어떤 여자가 혼자 우물에 물을 길러 온다.

예수께서 물을 좀 달라 하시니 사마리아 여자가 이르되 당신은 유대인으로서 어찌하여 사마리아 여자인 나에게 물을 달라 하나이까 하니 이는 유대인이 사마리아인과 상종하지 아니함이러라 예수께서 대답하여 이르시되 네가 만일 하나님의 선물과 또 네게 물 좀 달라 하는 이가 누구인 줄 알았더라면 네가 그에게 구하였을 것이요 그가 생수를 네게 주었으리라 여자가 이르되 주여 물 길을 그릇도 없고 이 우물은 깊은데 어디서 당신이 그 생수를 얻겠사옵나이까 우리 조상 야곱이 이 우물을 우리에게 주셨고 또 여기서 자기와 자기 아들들과 짐승이 다 마셨는데 당신이 야곱보다 더 크니이까 예수께서 대답하여 이르시되 이 물을 마시는 자마다 다시 목마르려니와 내가 주는 물을 마시는 자는 영원히 목마르지 아니하리니 내가 주는 물은 그 속에서 영생하도록 솟아나는 샘물이 되리라 여자가 이르되 주여 그런 물을 내게 주사 목마르지도 않고 또 여기 물 길으러 오지도 않게 하옵소서 이르시되 가서 네 남편을 불러 오라 여자가 대답하여 이르되 나는 남편이 없나이다 예수께서 이르시되 네가 남편이 없다 하는 말이 옳도다 너에게 남편 다섯이 있었고 지금 있는 자도 네 남편이 아니니 네 말이 참되도다 여자가 이르되 주여 내가 보니 선지자로소이다(요 4:7-19).

예수님과 여인의 대화 자체가 얼마나 놀라운 사건인지를 당신에게 알려 주고 싶다. 이 이야기의 첫 번째 충격적인 요소는 예수께서 과감히 나서서 대화를 시작하셨다는 것이다. 예수님과 여인의 대화 모습이 우리에게는 이상해 보이지 않지만 이상해 보여야 정상이다. 보다시피 여자는 그분이 말을 거셨다는 사실만으로 충격을 받는다. 유대인과 사마리아인은 철천지원수였기 때문이다. 수백 년 전, 유대인의 태반이 바벨론에 포로로 끌려갔다. 그때 본토에 남았던 일부 유대인은 다른 가나안 부족들과 통혼한 결과 사실상 새 부족인 사마리아인이 생겨났다. 그들은 유대교와 가나안 종교를 적당히 섞어 혼합 종교를 만들었다. 이로 인해 유대인은 사마리아인을 열등 인종이자 이단자로 취급했다. 이러한 이유 때문에 여자는 예수님이 자신에게 말을 거셨다는 사실만으로도 깜짝 놀랐다. 이에 더하여 유대인 남자가 인종을 불문하고 낯선 여자에게 공공연히 말을 거는 것 자체는 수치스러운 일이었다.

게다가 여인은 정오에 물을 길러 왔다. 많은 성경학자가 말하듯이 평소에 여자들이 물을 길러 다닌 시간은 그때가 아니었다. 보통은 아침 일찍 덥지 않을 때에 나와서 집안일에 종일 필요한 물을 길어 놓았다. 그런데 이 여자는 왜 대낮에 혼자 나온 것일까? 그녀가 도덕적 소외층으로 완전히 외부인이었기 때문이다. 그녀는 사회에 속하지 못했던 것이다.

그래서 예수님이 그녀에게 말을 거셨다는 것은 인종 장벽, 문화 장벽, 성별 장벽, 도덕 장벽 등 둘 사이에 존재할 수 있는 대부분의 중요한 장벽을 일부러 뛰어넘었다는 의미다. 당대의 모든 인습에 따르면 경건한 유대인 남자였던 예수님은 이 여자와 일체 상종해서는 안 되었다. 그런데 그분은 개의치 않으셨다. 그것이 얼마나 과감한 시도인지 알겠는가? 예수님은 그녀와 소통하시기 위해 인간에 의해 만들어진 모든 선을 넘으셨다. 그래서 그녀는 깜짝 놀랐다. 우리 역시 예수님의 이러한 행동에 놀라야 한다.

이 만남의 두 번째 흥미로운 점은 예수께서 마음을 열고 그녀를 따뜻이 대하면서도 잘못을 지적하신다는 것이다. 예수님의 화법은 부드럽고도 절묘하다. 그분은 우선 "내가 누구인 줄 알았더라면 네가 나에게 생수를 구하였을 것이요 그 물을 마시면 다시는 목마르지 아니하리라"라고 말씀하신다.

이게 도대체 무슨 말씀인가? '생수'란 은유적 표현으로 그분이 곧이어 설명하신 '영생'을 가리킨다. 우리는 예수님이 말씀하신 '생수', 곧 생수가 필요한 '목마름'에 대해 깊이 알지 못한다. 현재 우리는 어디서나 쉽게 음료수를 구할 수 있다. 그래서 진짜 갈증(목마름)

에 대해 잘 모른다. 그러나 사막에 맞닿은 건조한 기후 속에 살던 이들은 갈증을 잘 알았다. 인체의 대부분이 수분이다 보니 갈증이 심해지면 고통이 따른다. 그래서 정말 목말랐다가 물을 맛보면 그보다 더 만족스러운 경험이 없다.

결국 예수께서 이 소외층 여인에게 하신 말씀은 무엇인가? 이런 것이다. "네 몸에 물만큼이나 네 영혼에 기본이고 꼭 필요한 것을 내가 네게 주리라. 이것 없이는 너는 완전히 잃어진 존재니라."

그런데 예수님이 말씀하신 생수는 그보다도 더 깊은 의미가 있다. 예수님이 주시는 물은 생명을 살리는 정도가 아니라 영혼의 만족을 준다고 말씀하신다. "내 물을 받으면 네 속에서 영생하도록 솟아나는 샘물이 되리라."

이는 영혼의 깊은 만족에 관한 말씀이다. 이 신기한 만족과 충족은 외부 환경에 의해 결정되지 않는다. 당신에게 묻는다. 무엇이 당신을 행복하게 해 주는가? 무엇으로 삶의 만족을 얻는가? 이에 대한 답으로 당신은 거의 항상 외부 조건을 생각할 것이다. 사람에 따라 연애, 직업, 정치, 대의명분에 희망을 둔다. 당신의 입에서 "그것이 나에게 중요해. 거기에만 도달하면 나는 유의미하고 안전해져"라는 말이 나오게 하는 것은 필시 다 외부 조건이다.

그런데 예수님은 그 어떤 외부 조건도 내면의 깊은 갈증을 채워 줄 수 없다고 말씀하신다. 생수의 의미를 좀 더 생각해 보자면 지금 당신에게 필요한 것은 얼굴에 끼얹을 물이 아니라 영혼의 갈증을 해결해 줄 물일 것이다. 그래서 예수님은 "내가 그것을 주어 네 안에 심을 수 있어. 외부 환경이나 사건과 무관하게 네 존재의 웅어리 속에 불가해한 절대적 만족을 줄 수 있어"라고 말씀하신다.

예수 외에는
채울 수 없다

예수님의 생수에 대한 말씀을 듣지 못하게 우리를 가로 막는 것이 있다. 먼저 우리는 대부분 영혼의 갈증을 제대로 알아차리지 못한다. 꿈을 이룰 가망성이 있고 성공을 시도해 볼 만하다고 생각하는 한 우리는 내면의 공허와 불안을 각각 '의욕'과 '희망'으로 해석하려고 한다. 그래서 자신의 갈증이 실제로 얼마나 깊은지를 모를 수 있다. 많은 사람들이 자신에게 만족이 없는 이유를 그저 아직 목표를 이루지 못한 탓이라고 생각한다. 그래서 한평생 자신의 깊은 영적 갈증을 인정하지 못한다.

막상 꿈을 이루었거나 목표를 이룬 소수의 사람은 고대하던 환경이 갖추어졌음에도 만족이 없음에 충격에 빠진다. 오히려 다 갖추어져 있을수록 내면의 공허가 더 깊어질 수 있다. 예컨대 유명한 테니스 챔피언 보리스 베커(Boris Becker)는 여러 해 전에 이렇게 말했다.

나는 윔블던 대회에서 두 차례 우승했고 그중 한번은 최연소 선수였다. 부자였다. 재물이라면 필요한 만큼 있었다. 그런데 자살하는 영화배우나 팝 스타에게 종종 있는 일이다. 그들은 많이 가졌지만 항상, 매우 불행하다. 나도 내면에 평화가 없었다."[1]

우리는 "차라리 내 문제보다 보리스 베커의 문제가 더 낫다"라고 말할지 모른다. 하지만 베커의 요지는 자신도 우리와 같은 문제를 안고 산다는 것이다. 우리처럼 그도 돈과 섹스와 성취와 명예로 인생의 수많은 문제가 해결될 줄 알았다. 차이라면 그는 전부 다 갖추고도 결국 갈증이 조금도 채워지지 않았다는 것이다. 영화배우 소피아 로렌(Sophia Loren)도 인터뷰 중 유명한 말을 남겼다. "상도 많이 받고 결혼도 했고 부족한 것이 없는데도 내 삶에는 결코 채워질 수 없는 공허가 있다."[2]

인간은 누구나 무언가를 위해서 살아간다. 그런데 예수님은 그분 이외의 모든 것이 실망을 안겨 준다고 단언하신다. 예수님 외의 모든 것이 당신을 노예로 삼는다. 그것이 무엇이든 내 손에 없다면 내일이 없다고 생각한다. 그래서 그것이 사라질까 봐 극도로 두려워하고 누구에게 방해받으면 쉽게 분노한다. 그것을 성취하지 못하면 결코 자신을 용서할 수 없다. 하지만 막상 성취해도 그것은 당신이 기대하던 만족을 가져다주지 못한다.

예수님의 이 말씀을 대변해 주는 또 다른 예가 있다. 미국 작가

데이비드 포스터 월리스(David Foster Wallace)보다 이를 더 잘 표현한 사람은 없다. 그는 자기 분야에서 정상에 올랐다. 각종 수상에 빛나는 포스트모던 베스트셀러 소설가로서 참신한 이야기 전개로 전 세계에 이름을 알렸다. 한 문장을 1천 단어도 더 되게 길게 쓴 적도 있다. 그런데 생을 마감하기 몇 년 전, 그가 케니언대학(Kenyon College) 졸업식에서 했던 연설이 많은 이들에게 기억된다. 졸업생들에게 그는 이렇게 말했다.

> 모든 사람은 숭배한다. 무엇을 숭배할 것인지가 선택으로 남을 뿐이다. 모종의 신을 숭배의 대상으로 선택하는 확연한 이유는 다른 숭배 대상은 당신을 산 채로 삼켜 버리기 때문이다. 돈과 재물을 숭배하면 아무리 가져도 만족을 얻지 못한다. 삶의 진정한 의미를 거기서 얻으려 하면 충분히 소유했다는 기분이 들지 않는다. 그게 실상이다. 몸과 미모와 성적 매력을 숭배해 보라. 늘 자신이 못생겨 보이고, 나이 들어 노화가 표시 나기 시작하면 실제로 [사랑하는 이들을 통해] 땅에 묻히기도 전에 천만번을 미리 죽는다. … 권력을 숭배하면 결국 자신이 한없이 나약하게 느껴지고 두려워진다. 이 두려움을 몰아내려면 다른 사람을 지배할 권력이 점점 더 많아져야 한다. 똑똑해 보이는 지성을 숭배해 보라. 결국 자신이 늘 발각되기 직전의 미련한 사기꾼처럼 느껴진다. 보다시피 이런 종류의 숭배는 교활해서 그 자체가 악이나 죄는 아니

다. 이는 무의식에서 설정된 기본값(default settings)이다. [3]

월리스는 종교인이 아니었다. 그러나 그가 깨달았듯이 사람은 누구나 숭배하고, 누구나 구원받고자 무언가를 의지하고, 믿음을 요하는 무언가에 삶의 기초를 둔다. 월리스는 그 연설을 마치고 2년 후에 스스로 목숨을 끊었다. 신앙이 없던 그가 고별사처럼 우리에게 남긴 말이 자못 섬뜩하다. "당신이 숭배하는 것이 당신을 산 채로 삼켜 버릴 것이다."

설령 숭배라는 단어를 쓰지 않아도 당신이 숭배하며 구도하고 있다는 사실만은 확실하다. 그런데 예수님은 말씀하신다. "나를 숭배하지 않고, 네 삶의 중심이 내가 아니라면, 영적 갈증을 온갖 다른 것을 통해서가 아니라 나에게서 채우려 하지 않는다면, 해답이 바깥을 스쳐갈 게 아니라 속에서 솟아나야 함을 깨닫지 못한다면, 네가 무엇을 숭배하든 결국 그것은 너를 버릴 것이야."

앞서 말했듯이 우리가 흔히 갈증을 망각하는 이유는 꿈이 이루어질 것이라고 믿기 때문이다. 꿈이 이루어지면 예수님을 그냥 지나치기 쉽다. 하지만 이 우물가의 여인에게는 그런 환상이 없었다. 그래서 여인은 즉시 예수님께 "그 생수가 무엇이니이까. 내게 주시겠나이까"라고 말한다. 그러자 예수님은 "가서 네 남편을 불러 오라"라며 말머리를 돌리신다. "나는 남편이 없나이다"라는 여인의 답에 예수님은 "너에게 남편 다섯이 있었고 지금 있는 자도 네 남편이 아니니 네 말이 참되도다"라고 받으신다.

예수님은 지금 무엇을 하고 계신가? 오랫 동안 성적으로 문란한 생활을 한 이 여자야말로 전통적 의미의 '죄인'에 딱 들어맞는다. 그래서 그녀에게 모욕감을 주시려는 것인가? 그렇지 않다. 그럴 거라면 애초에 사회적 위신의 장벽을 뛰어넘어 이처럼 온유하게 대화하지 않으셨을 것이다.

생수를 권하시던 예수님이 왜 갑자기 그녀의 남성 편력으로 화제를 바꾸시는가? 답은 화제가 바뀐 게 아니라는 것이다. 그분이 팔꿈치로 슬쩍 찌르듯 그녀에게 하신 말씀은 이것이다. "내가 주는 이 생수의 본질을 알려면 먼저 네가 그동안 그것을 어떻게 얻으려 했는지를 알아야 한다. 너는 그것을 남자들에게서 얻으려 했지만 소용이 없었다. 남자에 대한 욕구가 너를 산 채로 삼키고 있다면 앞으로도 늘 똑같을 것이다."

여기서 여자는 예수님의 통찰력과 자신의 삶을 알고 계심에 놀라 "주여, 내가 보니 선지자로소이다"라고 반응한다. 그러면서 당대의 첨예한 신학 문제를 하나 제기한다. "우리는 이쪽 성전에서 예배하는데 유대인은 예루살렘 성전에서 예배하니 누가 옳으니이까." 21-24절의 한 문단에 실린 예수님의 명답을 요약하면 이렇다. "물리적 성전이 없어도 아버지께 나아갈 수 있는 때가 오리라."

여인은 감정이 북받쳐 "메시아가 오시면 모든 것을 우리에게 알려 주시리이다"라고 되받는다. 그러자 마침내 예수님이 폭탄 선언을 하신다. "네게 말하는 내가 그라"(요 4:26).

이제 이 소외층 여자와의 만남 직전에 있었던 만남으로 넘어가 보자. 요한복음 3장에서 예수님은 아주 중요한 사람을 만나신다. 그는 바리새인으로서 종교 지도자이자 민간 지도자였다.

예수와
니고데모의
만남

그런데 바리새인 중에 니고데모라 하는 사람이 있으니 유대인의 지도자라 그가 밤에 예수께 와서 이르되 랍비여 우리가 당신은 하나님께로부터 오신 선생인 줄 아나이다 하나님이 함께하시지 아니하시면 당신이 행하시는 이 표적을 아무도 할 수 없음이니이다 예수께서 대답하여 이르시되 진실로 진실로 네게 이르노니 사람이 거듭나지 아니하면 하나님의 나라를 볼 수 없느니라 니고데모가 이르되 사람이 늙으면 어떻게 날 수 있사옵나이까 두 번째 모태에 들어갔다가 날 수 있사옵나이까 예수께서 대답하시되 진실로 진실로 네게 이르노니 사람이 물과 성령으로 나지 아니하면 하나님의 나라에 들어갈 수 없느니라 육으로 난 것은 육이요 영으로 난 것은 영이니 내가 네게 거듭나야 하겠다 하는 말을 놀랍게 여기지 말라(요 3:1-7).

예수께서 우물가의 여인을 대하시던 방식과는 거의 정반대임이 보이지 않는가? 그때의 대화는 아주 부드럽게 시작하여 열린 자세로 그녀를 놀라게 하셨고, 그러다 점차 영적 욕구를 지적하셨다. 그런데 이 내부자를 대하실 때는 더 강경하고 직선적이시다. 니고데모는 처음부터 예를 갖추었다. "오 랍비여, 당신에 대하여 놀라운 말을 많이 들었나이다. 하나님께 받으신 지혜로 충만하시다고들 하더이다." 그런데 예수님은 다짜고짜 "네가 거듭나야 하겠다"라며 그의 문제를 지적하신다. 평생 유대교의 엄격한 전통을 따라 하나님을 예배한 니고데모는 이 난데없는 선언에 틀림없이 기분이 상했을 것이다.

그렇다면 '거듭난' 그리스도인이란 누구인가? 일반적으로 거듭난 사람들은 우리와 다른 사람이라는 생각을 가지고 있다. 어쩌면 그들은 약물 중독자나 정서적으로 불안정한 사람처럼 더 감정적이다. 그들이 바른 길로 들어서려면 극적인 방향 전환이 필요하다. 우리 생각에 그들은 아주 나쁜 짓을 저질렀거나 한없이 약해서 삶의 엄청난 변화가 필요해 보인다. 그래서 오늘날 대다수의 사람은 그나마 관용을 베풀어 말한다. 사람들은 거듭남이란 우리보다 연약해서 카타르시스 경험이 필요한 이들에게나 해당되는 일이라고 말한다. 거듭남은 삶에 권위와 틀이 필요한 이들에게나 어울리며, 그들은 엄격하고 권위적인 종교 운동에 합류한다. 다시 말해서 거듭남은 특정 부류의 사람에게 국한된다. 즉, 거듭남이 필요한 사람들이나 거듭나면 그만이다.

문제는 성경 이야기가 그런 관점을 품지 못하게 우리를 막는다는 것이다. 니고데모는 민간 지도자였으며 히브리 최고 법원인 산헤드린의 공회원이었다. 성공한 사람이었으며 독실하고 정직한 바리새인이었다. 이보다 진실한 종교인은 없었을 것이다. 그는 감정적이거나 상처가 많은 유형이 전혀 아니었다. 그가 공식 교육도 받지 않은 청년 예수를 '랍비'라고 불렀다는 사실은 대다수 동료보다 겸허하고 마음이 넓었다는 뜻이다. 요컨대 니고데모는 어느 모로 보나 훌륭한 사람이었다. 이성과 성공과 수양과 도덕성과 신앙을 다 갖추었으면서도 사고가 열려 있었다.

그런데 예수님은 그를 향해 어떻게 말씀하시는가? 이 내부자에게는 소외층을 대하실 때와는 다른 은유를 쓰신다. 그의 삶에 만족이 없음을 지적하신 게 아니라("내가 너에게 생수를 줄 수 있느니라") 교만한 자기만족을 지적하신다("네가 거듭나야 하겠다"). 세상에 태어나기 위해 그가 해야 했던 일이 무엇이냐고 물으신 것이다. 열심히 노력해서 출생의 특권을 얻어냈던가? 자기가 빈틈없이 계획해서 태어났던가? 천만의 말이다. 우리는 무엇을 얻어내거나 기여해서 태어난 게 아니다. 생명은 값없는 선물이다. 새로 태어남도 마찬가지다. 구원은

은혜다. 어떤 도덕적 노력으로도 구원을 얻어내거나 구원받을 공로
를 쌓을 수 없다. 당신은 거듭나야 한다.

니고데모 같은 사람에게 이는 심히 놀랍다. 예수님은 그의 영
적 실상이 뒷골목의 포주나 매춘부와 같다고 말씀하신 것이다. 도
덕성과 신앙을 흠잡을 데 없는 니고데모나 길거리의 노숙인과 마약
중독자나 하나님이 보시기에는 똑같이 잃어버린 존재다. 양쪽 다
처음부터 시작해야 한다. 양쪽 다 거듭나야 한다. 양쪽 다 영원한 영
적 생명이 필요하다. 그렇지 않으면 무언가가 그들을 산 채로 삼킬
것이다. 게다가 그 생명은 값없는 선물이라야 한다. 어떻게 감히 이
런 말씀을 하실 수 있는가?

예상치
못했던
뜻밖의 답

예수님이 이렇게 말씀하실 수 있는 이유는 죄에 대하여 사람
보다 깊이 아시기 때문이다. 다시 그 단어다. 문화적으로 잔뜩 반감
을 불러일으키는 죄라는 단어다. 우물가의 여인을 보라. 예수께서
그녀를 구원이 필요한 죄인으로 대하시는 이유는 누구라도 알 만하
다. 하지만 내부자인 니고데모를 이렇게 대하시는 이유는 대다수

사람에게 묘연하다. 그가 왜 구원이 필요한 죄인 취급을 당해야 하는가? 예수님은 왜 이 선량한 사람에게 그가 천국의 자리를 얻기 위해 사실상 아무것도 한 게 없다고 말씀하시는가?

여기 뜻밖의 답이 있다. 죄란 하나님이 아닌 다른 데서 구원을 얻으려는 행위다. 마치 자신의 구주와 주님인 양 하나님 자리에 서는 것이다. 이것이 성경이 정의하는 죄이며 십계명의 제1계명이다. 우물가의 여인처럼 모든 도덕 규율을 어기고 쾌락과 행복을 추구하는 것도 그중 하나다. 섹스나 돈이나 권력이 일종의 구원으로 둔갑한다.

하지만 스스로 자신의 구주와 주님이 되는 종교적인 방법도 있다. 마치 당신의 착한 삶과 도덕적 공로 때문에 하나님이 복 주시고 당신의 기도대로 응답하셔야만 한다는 식의 행세가 그렇다. 신앙 없는 사람이 섹스와 돈과 권력에서 얻으려는 의미와 안전을 이 경우 당신은 자신의 착한 도덕성과 노력에서 얻으려 한다. 이는 매우 교활한 방법이다. 종교인들은 늘 하나님을 의지한다고 말하지만, 만일 자신의 선(善)이 구원에 조금이라도 기여한다고 생각한다면 스스로 구원자가 된다. 철저히 자신을 의지하는 것이다. 실제로 간음이나 강도질을 하지 않더라도 당신의 마음에 교만과 독선과 불안과 시기와 멸시가 잔뜩 차올라 주변 사람들은 당신 때문에 세상살이가 비참해진다.

우리는 모두
은혜가
필요하다

———

이렇듯 니고데모와 사마리아 여인은 똑같이 은혜가 필요한 죄
인이다. 그리고 우리도 그들과 같이 은혜가 필요하다. 어느 경우든
우리는 자신의 구주와 주님이 되어 하나님을 채무자로 만들거나 적
어도 우주의 저울을 자기 쪽에 유리하게 기울이려 한다. 양쪽 다 예
수님은 죄라 칭하신다. 그분은 우리에게 생수가 필요하며 그 생수
를 얻으려면 거듭나야 한다고 말씀하신다. 우리는 회개하고, 자신
의 필요를 인정하고, 예수님을 의지하여 하나님께 자신을 받아 달라
고 하고, 회심해야 한다.

이렇게 말할 사람들도 있을 것이다. "하지만 나는 둘 중 어느
쪽도 아니다. 도덕적으로 선하지만 종교는 없다. 신의 존재 여부는
확실히 모르지만 신이 있든 없든 나는 착한 사람이며 중요한 건 그
뿐이다." 중요한 게 정말 그뿐일까? 어떤 과부가 아들을 잘 기르고
가르쳐 좋은 대학에 보냈다고 하자. 돈이 별로 없는 여자인지라 큰
희생이 따랐다. 그녀가 자식을 키우며 항상 한 말이 있다. "아들아,
착하게 살아야 한다. 늘 진실을 말하고 늘 열심히 일하고 가난한 사
람을 도와야 한다."

마침내 아들은 대학을 졸업하고 취직하여 독립하게 됐다. 그런

데 어머니와 대화하거나 함께 시간을 보내지 않는다. 생일 카드 정도를 보낼지 모르지만 전화하거나 방문하는 일은 절대 없다. 당신이 그에게 모자 관계에 대해 물었는데 그가 이렇게 답한다면 어떨까? "남남처럼 지냅니다. 하지만 나는 늘 진실을 말하고 열심히 일하고 가난한 사람을 돕습니다. 착하게 살아왔지요. 중요한 건 그뿐 아닙니까?"

당신이 그 답에 만족할지 의문이다. 어머니를 아예 상대하지도 않으면서 어머니의 바람대로 도덕적으로 살기만 해서는 부족하다. 이 사람의 행동은 비난받아 마땅하다. 사실 그의 모든 것은 어머니가 주었기 때문이다. 착실한 삶 이상으로 그에게는 어머니를 사랑하며 효도할 의무가 있다.

신이 존재한다면 당신의 모든 것은 신에게서 왔다. 하나님이 계신다면 당신은 훌륭한 도덕 생활뿐만 아니라 그 이상을 하나님께 드릴 의무가 있다. 그분은 마땅히 당신 삶의 중심이 되셔야 한다. 당신이 착한 사람일지라도 하나님을 하나님으로 받아들이지 않는다면 니고데모나 사마리아 여인과 똑같이 유죄다. 스스로 자신의 구주와 주님이 되었기 때문이다.

해법은 무엇인가? 잘못된 부류의 구원과 가짜 구주를 그만 의지해야 한다. 직업이나 배우자나 돈이나 도덕성 위에 삶을 세운다면 그것이 무너지는 순간 당신에게는 모든 희망이 사라진다. 왜 그런지 아는가? 예수 그리스도 이외의 당신이 세운 구주(우상)는 본래 구주가 아니기 때문이다. 우리가 추구하고, 우상으로 삼은 대부분의 것들은 실패를 용납하지 않는다. 오히려 우리가 실패한 순간 자기혐오와 수치심으로 우리를 벌할 뿐이다. 우리에게 참 만족을 주고, 배신에도 용서를 베푸는 구주는 예수님뿐이다. 그 무엇도 당신의 죄를 위해 대신 죽어 줄 수 없다.

요한복음 4장을 계속 읽어 보면 사마리아 여인이 친구들에게 자기가 얻은 생수를 소개한다. 메시아를 만났다고 증언하며 그들도 모두 가서 그분을 만나도록 초대한다. 그녀는 왜 구원을 얻었을까? 분명히 말하거니와 예수님이 목마르셨기 때문이다. 목마르지 않으셨다면 그분은 우물에 가지 않으셨을 테고 그녀는 생수를 얻지 못했을 것이다. 그런데 그분은 왜 목마르셨을까?

천지를 지으신 성자 하나님이 영광을 버리고 피곤하고 목마를 수밖에 없는 연약한 인간의 모습으로 이 세상에 오셨기 때문이다. 즉, 그녀가 생수를 얻은 것은 예수 그리스도가 "내가 목마르다"라고 하셨기 때문이다. 그분이 요한복음에서 "내가 목마르다"라고 말씀하신 일은 이번이 마지막이 아니다. 십자가에서 운명하시기 직전에도 그분은 "내가 목마르다"라고 말씀하셨는데 그 의미는 육체의 목마름 이상이었다.

십자가의 예수님은 죄인인 우리 몫의 형벌을 당하시느라 아버지와의 관계를 잃으셨다. 생수의 근원이신 아버지로부터 단절되셨다. 그분이 맛보신 궁극의 영원한 갈증이 고통과 죽음을 불러왔고,

탈수로 인한 최악의 사망은 그 갈증의 징후에 불과했다. 이는 신기한 역설이다. 예수 그리스도가 십자가에서 우주적 갈증을 겪으셨기 때문에 당신과 나의 영적 갈증이 채워질 수 있다. 그분이 죽으셨기에 우리는 거듭날 수 있었다. 그런데 놀랍게도 그분은 그 일을 즐거이 하셨다.

그리스도가 하신 일과 그 이유를 알면 우리 마음은 우리를 노예로 삼는 것들로부터 예수께로 방향을 돌이키고 예배하게 된다. 그것이 복음이다. 이는 회의론자와 신자와 내부자와 소외층과 그 중간의 모든 사람에게 동일하다.

신이신 예수가
인간의 슬픔을
알겠는가

"

●

The
Grieving
Sisters

3
슬퍼하는 두 자매

마르다와 마리아

세상이 이대로 좋고 인류에게 아무런 문제도 없다고 주장하는 사람은 거의 전무하다. 예수님과 우물가의 여인의 만남, 예수님과 니고데모와의 만남이 세상의 문제가 무엇인지를 보여 주듯이, 마리아와 마르다의 이야기는 무엇이 - 또는 누가 - 무너진 이 세상을 바로잡을 수 있는지에 초점을 맞춘다. 이미 믿고 예상한 것처럼 '예수

님'이시다. 그렇다면 모든 것을 바로잡으신다는 기독교의 이 중심
인물은 누구인가?

이야기의
주인공은
누구인가?

———

다시 요한복음을 살펴보자. 마리아와 마르다와 나사로 삼 남매
와 예수님의 관계에 대한 이야기가 나온다. 11장 서두에서 나사로
는 예수께서 '사랑하시는 자'로 지칭된다. 이 표현은 복음서에서 예수
님과 그분의 가장 가까운 제자들의 관계를 지칭할 때 쓰였다. 예수님
과 나사로와 마리아와 마르다는 서로를 가족처럼 여겼던 것 같다.

복음서의 기록을 보면 나사로는 중병에 걸려 목숨이 위태로웠
다. 마리아와 마르다는 예수님께 사람을 보냈으나 그분이 도착하시
기 전에 나사로가 죽었다. 마침내 예수께서 이들의 집에 오셨다. 이
미 나사로의 죽음으로 인해 많은 사람들이 곡하고 있었고, 시신은
무덤에 안치된 후였다. 이후에 예수님이 하신 일은 역사상 가장 유
명한 사건 중 하나다. 계시가 풍부한 사건이기도 해서 예수님이 누
구신지는 물론이고 무엇을 하러 오셨는지도 우리에게 보여 준다.

예수께서 와서 보시니 나사로가 무덤에 있은 지 이미 나흘이라 베다니는 예루살렘에서 가깝기가 한 오 리쯤 되매 많은 유대인이 마르다와 마리아에게 그 오라비의 일로 위문하러 왔더니 마르다는 예수께서 오신다는 말을 듣고 곧 나가 맞이하되 마리아는 집에 앉았더라 마르다가 예수께 여짜오되 주께서 여기 계셨더라면 내 오라버니가 죽지 아니하였겠나이다 그러나 나는 이제라도 주께서 무엇이든지 하나님께 구하시는 것을 하나님이 주실 줄을 아나이다 예수께서 이르시되 네 오라비가 다시 살아나리라 마르다가 이르되 마지막 날 부활 때에는 다시 살아날 줄을 내가 아나이다 예수께서 이르시되 나는 부활이요 생명이니 나를 믿는 자는 죽어도 살겠고 무릇 살아서 나를 믿는 자는 영원히 죽지 아니하리니 이것을 네가 믿느냐 이르되 주여 그러하외다 주는 그리스도시요 세상에 오시는 하나님의 아들이신 줄 내가 믿나이다 이 말을 하고 돌아가서 가만히 그 자매 마리아를 불러 말하되 선생님이 오셔서 너를 부르신다 하니 마리아가 이 말을 듣고 급히 일어나 예수께 나아가매 예수는 아직 마을로 들어오지 아니하시고 마르다가 맞이했던 곳에 그대로 계시더라 마리아와 함께 집에 있어 위로하던 유대인들은 그가 급히 일어나 나가는 것을 보고 곡하러 무덤에 가는 줄로 생각하고 따라가더니 마리아가 예수 계신 곳에 가서 뵈옵고 그 발 앞에 엎드리어 이르되 주께서 여기 계셨더라면 내 오라버니가 죽지 아니하였겠나이다 하더라 예수께서 그가 우는 것과 또 함께 온 유대인들이 우는 것을 보시고 심령에 비통히 여기시고 불쌍히 여기사 이르시되 그를 어디 두었느냐 이르되 주여 와서 보옵소서 하니 예수께서 눈물을 흘리시더라 이에 유대인들이 말하되 보라 그를 얼마나 사랑하셨는가 하며(요 11:17-36).

마르다는 예수께 와서 "주께서 여기 계셨더라면 내 오라버니가 죽지 아니하였겠나이다"라고 말한다. 잠시 후에 마리아도 나와서 토씨 하나 다르지 않게 똑같이 말한다. 두 자매가 동일한 상황에서 똑같이 말했는데 놀랍게도 예수님의 반응은 극명하게 다르다. 마르다의 말에 그분은 반박하다시피 하신다. "너무 늦게 오셨나이다"라는 그녀의 메시지에 "나는 부활이요 생명이니 내게 너무 늦은 때란 없느니라"라고 응수하신다. 예수님은 절망하는 그녀의 마음을 밀어내신다. 의심을 꾸짖으시며 희망을 주신다.

그런데 똑같이 말하는 마리아에게 이번에는 다른 반응을 보이신다. 반박하지 않으시고 사실상 말을 아끼신다. 그녀의 슬픈 마음을 밀어내기는커녕 오히려 그 속에 들어가 함께 비통에 잠기신다. 눈물을 쏟으시며 "그를 어디 두었느냐"라고만 하신다. 예수님의 이런 극과 극의 반응은 직관에 반하는 신기한 일 정도가 아니다. 여기서 우리는 사람을 대하시는 그분의 깊은 지혜와 성품과 그분의 정체에 대한 더 깊은 진리까지 엿볼 수 있다.

당신이 어느 신의 이야기를 지어낸다고 상상해 보라. 이야기

속에서 인간의 모습으로 이 땅에 온 그 신이 친구의 장례식에 참석한다. 죽은 친구를 다시 살릴 수 있는 능력이 있는 그가 불과 몇 분후면 모든 곡하는 사람의 눈물을 씻어낼 참이다. 이때 이 인물의 내적인 감정 상태는 어떠할까? 분명히 당신이 묘사할 신은 들뜬 마음으로 웃으실 것이다. 기대감에 손을 비비며 속으로 "잠시 후면 다들 내가 하려는 일을 보리라!"라고 말할 것이다. 또는 당신이 쓸 이야기 속의 신은 고양된 어조로 계속 "나는 부활이요 생명이니"라고 외치실지도 모른다. 두 반응 모두 자칭 신에게 어울려 보인다. 하지만 이런 신이 마리아의 고뇌에 감정 이입하여 그저 울고 서 계실 줄은 가히 상상하지 못했을 것이다. 방금 전까지도 그토록 강한 모습을 보이던 신이 순식간에 이렇게 약해진 이유는 무엇일까?

나사로 이야기는 허구가 아니다. 신약의 다른 곳들에 밝혀진 명제를 이 기사가 극적으로 우리에게 보여 주고 있으니, 곧 예수님은 참으로 하나님이신 동시에 온전히 인간이시다. 인간의 모습으로 오신 하나님만도 아니고 신의 기품을 띤 인간만도 아니라 신인(神人, God-man)이시다. 본문에서 예수님이 마르다와 마리아를 각각 만나시는 장면을 통해 우리는 그분이 하나님이시자 인간이심을 엿볼 수 있다.

마르다를 만나셨을 때 주님은 "나는 부활이요 생명이니"라고 말씀하신다. 신으로 자처하신 것이다. 하나님만이 능히 생명을 주시고 취하실 수 있다. 보다시피 그분은 그저 "내가 특별히 신의 초자연적 능력을 받아 나사로를 소생시킬 수 있느니라"라고 하신 게 아니라 "나는 부활이요 생명이니 모든 생명을 부여하고 지속시키는 능력이 내게 있느니라"라고 말씀하신다. 놀라지 않을 수 없다!

예수님의 이런 주장은 처음이 아니었다. 복음서 전체에 걸쳐 그분은 자신의 신성을 밝히신다. 사실 명시적 진술만 아니라 간접적 언급까지 합하면, 자신의 정체가 하나님이시라는 그분의 주장은 거의 모든 장에 나온다. 누가복음 10장에 예수님은 "사탄이 하늘로부터 번개같이 떨어지는 것을 내가 보았노라"(18절)라고 즉석에서 공언하신다. 제자들은 틀림없이 어안이 벙벙하여 '뭐라고? 설마 그럴리가! 사탄이 하늘에서 땅으로 떨어진 유사 이전의 사건을 그분이 기억하신다고? 그것을 보셨다고?'라고 생각했을 것이다.

예수께서 간접적으로 신성을 주장하여 동시대인들을 충격에 빠뜨린 또 다른 예는 친히 죄를 사하신다는 일관된 선언이다. 누구에게나 뻔한 사실이지만 인간은 본인에게 가해진 죄만 용서할 수 있다. 다른 사람들이 지은 죄를 내가 대신 용서할 수는 없다. 피해자만이 용서할 수 있다. 그래서 예수께서 중풍병자에게 "작은 자야 네 죄 사함을 받았느니라"(막 2:5)라고 하셨을 때 구경꾼들은 그분이 신으로 자처하신다고 결론지었다. 그 말씀 속에 모든 죄가 그분께 가해진 것이라는 뜻이 함축되어 있기 때문이다.

아울러 예수께서 스스로 신이라고 명시하여 주장하신 경우도 있다. 요한복음 5장의 군중은 예수님이 자신을 하나님과 동등하게 여기시는 말씀을 듣고 그분을 돌로 치려고 했다. 8장에 그분은 하나님의 이름으로 자칭하여 자신이 아브라함보다 먼저 계실 뿐 아니라 영원하다고 주장하셨는데, 이때도 사람들은 똑같이 돌을 들었다. "아브라함이 나기 전부터 내가 있느니라"(요 8:58). 또 그분은 마르다에게 하신 말씀과 비슷하게, 진리가 그분께 있는 정도가 아니라 자신이 곧 진리라고 주장하신다. "내가 곧 길이요 진리요 생명이니"(요 14:6). 요한복음 20장에 도마가 예수님을 "나의 주님이시요 나의 하나님이시니이다"(요 20:28)라고 부르자 그분은 아무 말 없이 예배를 받으신다.

세 가지
딜레마

이런 주장은 복음서의 독자들을 몹시 난감하게 만들었는데, 특히 현시대보다 더 그랬던 적은 없었다. 예수님 가르침의 아름다움과 위력과 독특성은 대부분의 사람들이 인정한다. 어떤 사람들은 그분을 종교적 현자 중 하나로 보려 한다. 그러나 19세기의 스코틀랜드 장로교 사역자 존 던컨(John Duncan)과 20세기의 작가 C. S. 루이스(C. S. Lewis)가 가르쳤듯이, 예수께서 자신의 정체가 하나님이라고 주장하셨기 때문에 그런 입장은 아예 불가능해진다. 다른 모든 주요 종교의 창시자는 "나는 너희에게 신을 찾는 법을 보여 주는 예언자니라"라고 말했으나 예수님은 "나는 너희를 찾으러 온 하나님이니라"라고 가르치셨다. 따라서 예수님을 세상의 지혜의 보고를 보충해 주는 고작 또 하나의 종교 스승으로 볼 수는 없다. 그분은 고의적인 사기꾼이었거나 제정신이 아니었거나 정말 신이거나 셋 중 하나다. 던컨은 이를 삼자택일의 궁지, 즉 트릴레마(trilemma)라 칭했다.

이어 예수님은 모종의 철저한 반응을 요구하신다. 당신은 그분을 악하다고 비난할 수도 있고, 정신병자라며 피할 수도 있고, 하나님으로 경배하며 엎드릴 수도 있다. 이 세 가지 반응은 다 이치에 맞고 그분이 말씀하신 실재와 일치한다. 그러나 적당한 반응은 불가능한 일이다. 예수께 "좋은 가르침입니다. 아주 유익합니다. 당신은 훌륭한 사상가입니다"라고 말해서는 안 된다. 이는 순전히 부정직한 말이기 때문이다. 예수님의 정체가 자신의 주장과 다르다면 사고는 온통 뒤틀어져 흠투성이인 것이다. 만약 예수님의 정체가 자신의 주장대로라면 그분은 한낱 위대한 스승이 아니라 무한히 그 이상이다. 예수님은 우리에게 사실상 이렇게 말씀하신다. "내 주장 앞에서 너희의 입장을 정해야 하느니라. 내 말이 틀렸다면 나는 다른 모든 창시자보다 열등하니 이는 그들이 지혜롭고 겸손하게도 신으로 자처하지 않았음이라. 그러나 내 말이 옳다면 너희가 하나님이 누구시며 궁극의 실재가 무엇인지를 아는 최고의 길은 틀림없이 나이니라. 어느 경우든 내가 다른 모든 사람과 대등할 수는 결코 없느니라."

내가 대화해 본 많은 사람이 이 세 갈래의 딜레마에서 여러 방법으로 벗어나려고 했다. 그중 가장 흔한 입장은 예수님이 신으로 자처하신 적이 없다는 말일 것이다. 이 반론은 이런 식이다. "신약 기사의 역사적 신빙성을 어떻게 믿을 수 있는가? 자신이 신이라는 주장은 고사하고 그분이 존재했는지조차 어떻게 아는가? 예수님이 하나님의 아들이라는 개념은 그분 사후에 오랜 세월이 흘러서야 생겨나지 않았는가?"

그러나 예수님의 존재와 생애에 대한 증거는 성경 이외의 역사 문헌에서도 발견된다. 게다가 많은 석학이 설득력 있게 논증했듯이 복음서는 전설적 내용으로 가득한 구전(oral tradition)이 아니라 목격자 진술에 기초한 구술 역사(oral history)다. 예수님이 신으로 자처하셨다는 증거 또한 복음서 기사에만 나오는 게 아니다. 역사의 증거에 보듯이 그리스도인들이 예수님을 하나님으로 믿지 않았던 시기나 그런 논쟁은 전무했다. 예컨대 예수님이 죽으시고 20년 만에 기록된 바울의 빌립보서에는 그리스도의 신성을 찬송하는 초기의 기독교 찬송가 - 그 서신 자체보다 오래되었을 것이다 - 가 나온다(빌 2:5-11). 이는 예수님의 정체가 신이라는 믿음이 그분 사후의 먼 훗날에 생겨난 게 아니라 그분의 가르침에 기초한 것이자 처음부터 기독교 공동체의 근간이었다는 뜻이다.[1] 따라서 이런 식으로 딜레마를 피해 보려는 시도는 통하지 않는다.

딜레마를 피할 수 없음을 인식한 사람들은 위의 세 가지 가능성 중 하나를 취한다. "좋다. 그렇다 치자. 그분이 고의적인 사기꾼이어서는 안 될 이유라도 있는가? 해박한 스승이라 해서 남을 속일 수 없다는 뜻은 아니다." 하지만 중요하게 기억해야 할 것이 있다. 처음 예수님을 따르던 이들은 모두 유대인이었는데, 1세기의 유대인은 하나님을 초월적으로 높게 보아서 그분의 이름을 기록하거나 발음하지조차 않았다. 하나님이 연약한 인간의 모습을 할 수 있다는 개념 자체가 격렬한 비난을 부를 일이었다. 이는 첫째, 지도자를 아무리 높게 추앙할지라도 유대인 남녀의 머릿속에 신인(神人, God-man)의 개념이 있을 수 없었다는 뜻이다. 둘째, 아무리 사기꾼이라도 유대인들에게 자신이 신이라고 설득할 사람은 없었다는 뜻이다. 성공 가능성이 전무함을 본인도 알았을 테고, 실제로 역사가 이를 증명해 준다. 1세기에 메시아로 자처한 유대인들이 몇몇 더 있었고 그중 다수는 추종자들도 있었으나 신으로 숭배된 사람은 단 한 명도 없다.

두 번째 반론도 가능하다. "예수님이 사기꾼은 아니고 정말 진실했더라도 제정신이 아니었을 수도 있지 않은가? 자신이 신이라고 순전히 착각했다면 어떠한가? 추종자들을 설득했을 수도 있지 않은가?" 그럴 수 없으며 이유는 다음과 같다. 이름도 없이 사라진 이단 중에는 신으로 자처한 창시자가 더러 있었지만 주요 종교에는 그런 사람이 전무했다는 사실에 주목해야 한다. 스스로 미혹되어 신으로 행세한 인물들이 역사 속에는 있었으나 그런 주장을 자신들 이외에까지 능히 믿게 만든 경우는 없었다. 왜 그러한가? 인간의 통상적 성격 결함 - 이기심, 조급함, 무절제한 분노, 교만, 부정직, 잔인함 등 - 이 하나라도 있는 사람이 남들에게 자신을 신이라고 설득하기란 불가능하기 때문이다. 신으로 행세하는 인물의 측근에 있는 이들은 으레 그런 결함을 보고 미혹을 간파할 수 있다. 여기에 유대교의 깊은 문화적 신학적 회의론까지 더해지면, 유대인에게 자신이 하나님이라고 설득하기란 불가능하다. 정말 그게 사실에 대한 가장 합리적인 설명이 아니고서는 말이다.

역사학자들이 입증했듯이 예수님 사후에 유대교의 일신론에 충실하면서도 그분을 참 하나님으로 예배한 무리의 수는 급증했다.[2] 예수님은 어떻게 사셨기에 역사상 아무도 하지 못했던 일을 이루셨을까? 어떻게 극소수의 불안정한 사람들이 아닌 그 이상에게 자신이 우주의 창조주요 심판자이심을 설득하셨을까? 그분은 누구시기에 이런 황당한 주장에 대한 유대인들의 뿌리 깊은 저항을 뛰어넘으셨을까? 답은 그분이 신약 전반에 기술된 비할 나위 없이 아름다운 인간이셨다는 것이다. 그런 그분의 놀라운 모습을 이번 본문에서 볼 수 있다.

마르다를 만나시는 장면에서는 예수님의 신성과 능력이 엿보인다. 그러나 그것만으로는 예수가 누구신지 다 설명되지 않는다. 바로 다음 순간, 그분은 마리아와 더불어 비통해 하시며 무덤 앞에서 울음을 터뜨리신다. 우리 생각 같아서는 정말 신이라면 이렇게 감정을 드러내지 않을 것 같은데 그분은 그러신다. 인간의 연약한 모습이 신성과 공존한다. 그분은 사랑하기에 우신다. 자신이 부활이요 생명이라고 - 즉 하나님이라고 - 주장하셨으면서도 마리아에게 감정을 표출 하신 것은 신이면서 동시에 온전히 인간이시기 때문이다. 다시 말하지만 예수님은 사람이며 동시에 하나님이시다. 죽음의 끔찍한 위력과 사랑하는 사람을 잃은 우리의 슬픔을 주님도 느끼신다.

요컨대 예수 그리스도의 정체는 정말 믿기 어려우며 말로 표현하기는 더 어렵다. 그분은 절반은 인간, 절반은 신이 아니다. 20퍼센트 신에 80퍼센트 인간이거나 그 반대도 아니다. 그분은 그저 신 의식이 특별히 높은 인간이나 인간의 육신을 두른 신이 아니다. 하나님이면서 또한 절대적이고 전적인 인간이시다. 다른 종교에는 이런 개념이 없다. 생명의 주인이신 초월적 창조주가 연약하고 유한한 인간이 되어 죽음의 참혹함을 전부 느끼셨다고 믿는 종교는 기독교밖에 없다.

당신은 예수님이 신인(神人, God-man)이심을 믿는가? 잘 믿어지지 않는다 해도 놀랄 일은 아니다! 하지만 이 이야기를 보라. 그분이 마르다와 마리아에게 실제로 어떻게 반응하시는지 잘 보라. 그러면 신인(神人, God-man)의 개념이 이해되지 않는다 해도 당신에게 절실히 필요한 답을 주시는 예수를 보게 될 것이다.

먼저, 예수님이 마르다에게 베푸신 것은 진리의 사역이었다. 그 순간 그녀에게 절실히 필요한 것이었다. 그래서 예수님이 마르다의 어깨를 잡고 진리를 알려 주신다. "내 말을 들으라! 절망하지 말라. 내가 여기 있느니라. 나는 바로 부활과 생명이니라." 정체가 신이신 주님은 그녀에게 별을 가리켜 보이실 만큼 높은 분이다. 잠시 후 예수님이 마리아에게 베푸신 것은 눈물의 사역이었다. 그 순간 그녀에게 절실히 필요했던 것은 애통이었다. 인간이시기에 주님은 온전히 진실하고 정직하게 그녀의 슬픔 속에 들어가 함께 우셨다.

솔직히 누구나 때에 따라 진리의 사역과 눈물의 사역이 필요하다. 어떤 때는 당신에게 냉엄한 진리가 더 필요하다. "정신 차리고 주위를 둘러보라"는 사랑하는 친구의 말에 깨어나야 한다. 그러나 어떤 때는 정말 그냥 함께 울어 줄 사람이 필요하다. 슬픔에 잠긴 사람에게 진리를 말하는 것이 마냥 잘못일 때도 있지만, 같이 울기만 하고 진리를 말해 주지 않는 것도 똑같이 잘못일 때가 있다. 항상 상대에게 꼭 필요한 것을 줄 만큼 기질이나 인내심이나 통찰력을 다 갖춘 사람은 인간 중에 아무도 없다. 공감해 주어야 할 때도 잘못부터 지적하는 성향의 사람이 있는가 하면 그 반대 성향도 있다.

그러나 예수 그리스도는 부드러워야 할 때 강하시거나 강해야 할 때 부드러우신 적이 없다. 이는 단지 그분이 완전하고 놀라우신 상담자여서만이 아니다. 그분은 진리 자체이시며 인간으로 성육신하신 하나님이시다.

예수님의 압도적인 아름다움은 그분이 하나님인 동시에 인간이시라는 이 역설에서 비롯된다. 그분은 사자이면서 어린 양이시다. 자신의 높으신 정체를 주장하시지만 거드름을 피우신 적이 없다. 자신의 위신을 내세우시는 모습도 볼 수 없다. 지극히 연약하고 깨어진 이들도 막힘없이 그분께 다가갈 수 있으나 그분은 타락한 권력 앞에서도 전혀 두려움을 모르신다. 예수님은 온유하되 약하지 않으시고, 강하되 모질지 않으시며, 겸손하되 조금도 자신감이 부족하지 않으시다. 부동의 권위를 가지셨지만 전혀 자신에게 함몰되지 않으시고, 거룩하며 초지일관하시지만 누구나 쉽게 다가갈 수 있다. 예수님은 힘과 민감함이 공존한다. 언젠가 어느 설교에서 들었던 말이 있다. "예수님이 하시려는 말씀을 미리 알아차린 사람은 아무도 없습니다. 그분께는 예상을 벗어나는 말씀이 가득한데, 예상을 벗어나되 모두 완전합니다."[7]

이렇듯 예수님은 인간이 되신 하나님이시다. 그런데 여기서 생기는 의문이 있다. 그분은 왜 그러셨을까? 왜 절대 권력자께서 우리의 연약함 속에 들어오셨을까? 슬퍼하는 두 자매의 기사에서 마지막 부분을 보자.

이에 예수께서 다시 속으로 비통히 여기시며 무덤에 가시니 무덤이 굴이라 돌로 막았거늘 예수께서 이르시되 돌을 옮겨 놓으라 하시니 그 죽은 자의 누이 마르다가 이르되 주여 죽은 지가 나흙이 되었으매 벌써 냄새가 나나이다 예수께서 이르시되 내 말이 네가 믿으면 하나님의 영광을 보리라 하지 아니하였느냐 하시니 돌을 옮겨 놓으니 예수께서 눈을 들어 우러러 보시고 이르시되 아버지여 내 말을 들으신 것을 감사하나이다 항상 내 말을 들으시는 줄을 내가 알았나이다 그러나 이 말씀 하옵는 것은 둘러선 무리를 위함이니 곧 아버지께서 나를 보내신 것을 그들로 믿게 하려 함이니이다 이 말씀을 하시고 큰 소리로 나사로야 나오라 부르시니 죽은 자가 수족을 베로 동인 채로 나오는데 그 얼굴은 수건에 싸였더라 예수께서 이르시되 풀어 놓아 다니게 하라 하시니라(요 11:38-44).

38절은 사실상 모든 부분이 실망스럽다. NIV의 경우 "예수께서 다시 속으로 비통히 여기시며 무덤에 가시니"라고 되어 있다. 그러나 여기서 "비통히 여기시며"로 옮겨진 헬라어 단어는 "화가 나서 울부짖다"라는 뜻이다. 모든 주석가와 헬라어 전문가가 그런 뜻이라고 말하는데도 그렇게 번역할 재량을 발휘하는 번역자가 왠지 하나도 없다. 본문에서 예수님은 완전히 격노하신다. 격분하여 울부짖고 으르렁거리신다. 누구에게 또는 무엇에 화가 나신 것일까? 유가족에게 화나셨다는 조짐은 없다. 그렇다면 무엇인가?

예수의 손에 들린 것은
칼이 아닌 못이었다

————

토머스(Dylan Thomas)의 말이 옳았다. "죽음의 밤으로 순순히 들어가지 말라. 꺼져 가는 빛에 맞서 격노하고 격노하라." 예수님은 죽음에 맞서 격노하신다. 그분은 "죽음에 익숙해지라. 누구나 다 죽는 게 세상 이치니 체념하라"고 하지 않으신다. 그분은 인간 최대의 악몽 - 생명과 사랑하는 이들과 사랑의 상실 - 을 똑바로 쳐다보며 분개하신다. 악과 고난에 노하시고, 하나님이신 자신에게는 노하지 않으신다. 이것은 무슨 뜻일까?

우선 악과 죽음이 하나님의 계획하심이 아니라 죄의 결과라는 뜻이다. 처음 하나님이 창조하신 세상은 질병과 고난과 죽음으로 가득한 곳이 아니었다. 그러면 우리는 이렇게 반문할 수 있다. 지금 세상의 모습이 그토록 못마땅하시다면 왜 하나님은 진작 손수 막지 않으셨을까? 왜 그냥 이 땅에 오셔서 모든 악을 끝장내지 않으시는가? 이러한 질문은 자신에 대해 잘 알지 못하다는 증거이다. 성경에 나와 있고 우리도 알고 있듯이 세상이 잘못된 이유는 다분히 인간의 심령 때문이다. 이생의 불행은 다분히 우리의 이기심, 교만, 잔인함, 분노, 압제, 전쟁, 폭력 때문이다. 따라서 예수 그리스도가 하나님의 진노의 검을 들고 이 땅에 오셔서 악을 처단하셔야 한다면 우리 중 살아남을 사람은 하나도 없다. 우리 모두의 내면 깊은 곳에 악과 이기심이 도사리고 있기 때문이다.

그런데 예수님의 손에 들린 것은 칼이 아니었다. 오히려 그분의 손에는 못이 들려 있었다. 그분은 심판하기 위해 오신 것이 아니라 도리어 심판을 당하셨다. 본문에 계시되어 있듯이 이제부터 그분의 딜레마가 전개된다. 11장 뒷부분에 종교 지도자들은 예수님의 권능을 보고, 예수님이 생각보다 위험한 인물임을 깨닫는다. 그래서 예수님이 나사로를 다시 살리신 후에 지도자들이 회의를 열어 "이날부터는 그들이 예수를 죽이려고 모의"(53절)했다.

물론 예수님은 이미 알고 계셨다. 자신이 죽은 나사로를 살린다면 종교 당국에서 자신을 죽이려 들 것을 아셨다. 즉 나사로를 무덤에서 나오게 하려면 자신이 무덤에 들어가서야만 했다. 나사로의 장례를 중단시키려면 자신이 장사지내져야만 했다. 예수님이 우리를 죽음에서 구원하시려면 친히 십자가를 지고 우리 몫의 심판을 당하셔야만 했다.

그래서 무덤에 다가가실 때 그분은 잠시 후에 벌어질 일대장관을 생각하며 웃으신 게 아니라 분노로 치를 떨며 눈물을 흘리셨다. 우리를 죽음에서 구원하기 위해 자신이 치르셔야 할 대가를 알고 계셨기 때문이다. 자신을 조여 오는 죽음의 그림자를 보셨다. 그런데 이 모두를 아시고 겪으면서도 그분은 "나사로야 나오라"라고 외치셨다. 목격자들은 그분을 가리키며 "보라 나사로를 얼마나 사랑하셨는가"라고 말했다. 하지만 사실은 이 대목에서 '우리를' 얼마나 사랑하시는지 볼 수 있어야 한다. 그분이 유한하고 연약한 인간이 되어 살해당하신 이유는 우리를 사랑하시기 때문이다.

1961년에 소련이 우주 궤도에 인간을 쏘아 올렸다. 그때 소련 수상 니키타 흐루쇼프(Nikita Khrushchev)가 당찬 말을 했다. 당시 열한 살이었던 나는 지금도 기억이 생생하다. "우주에 사람을 보냈지만 신이 보이지 않았다. 이로써 우리는 신이 없음을 증명했다." 탄탄한 논리나 철학은 아니지만 그는 진심이었고, 지금도 그렇게 믿는 사람이 허다하다. 경험적 관찰로 신의 부재가 입증되었다는 것이다.

C. S. 루이스는 《기독교적 숙고》(Christian Reflections)에서 '보는 눈'에 대해 말했다. 그는 신이 존재한다는 가정하에 우리와 신의 관계는 주택의 아래층 사람과 위층 사람의 관계와는 다르다고 역설했다. 1층 주민은 계단만 올라가면 2층 주민을 만날 수 있다. 그러나 하나님은 단지 하늘에 사시는 분이 아니라 온 우주 즉 땅과 하늘과 시간과 공간을 초월해 계시며 심지어 우리를 창조하신 분이다. 그래서 우리와 하나님의 관계는 햄릿과 셰익스피어의 관계에 더 가깝다. 햄릿이 셰익스피어를 얼마나 알 수 있을까? 셰익스피어가 희곡 속에 본인에 대해 써 넣은 만큼만 알 수 있다. 햄릿은 모든 방식을 동원해도 자신의 저자를 알 수 없다. 루이스는 이와 마찬가지로 우리도 단지 더 높은 고도로 올라가서는 하나님을 만날 수 없다고 결론지었다. 우리가 하나님을 알려면 그분이 우리 삶과 세상 속에 자신에 대해 무언가를 써 넣으셔야만 한다. 그리고 하나님은 정말 그렇

게 하셨다.

그러나 주님은 우리에게 정보만 주신 게 아니다. 루이스의 말처럼 실행한 사람이 있었는데, 루이스의 친구이자 작가인 도로시 세이어즈(Dorothy Sayers)다. 옥스퍼드에 진학한 최초의 여성 중 하나인 세이어즈는 추리 소설가였으며《피터 윔지 경 이야기》(*Lord Peter Wimsey stories*)라는 유명한 연작 소설을 썼다. 피터 경은 외로운 독신의 귀족 형사이다. 시리즈 중간에 이르면 딱히 매력이 없는 장신의 여자 해리엇 베인이 등장한다. 해리엇도 옥스퍼드에 진학한 최초의 여성 중 한 명이며 추리 소설가다. 그녀와 피터는 사랑에 빠져 결혼하고 함께 사건을 해결한다. 어떻게 된 일인가? 어떤 사람들은 도로시 세이어즈는 자신이 창조한 세상과 인물을 들여다보다 피터 경의 고통과 외로움을 보고 그와 사랑에 빠졌다. 그래서 오로지 그를 구원하기 위해 자신을 이야기 속에 써 넣었다고 생각했다.

하나님도 이와 똑같이 하셨다. 자신이 지으신 세상을 들여다보니 하나님을 등지고 세상을 파괴하는 인간이 보였다. 그래서 한없이 마음이 아프셨다(창 6:6). 우리를 사랑하시는 그분은 스스로 자초한 덫과 불행에서 헤어나려 발버둥치는 인간의 모습을 보셨다. 그래서 자신을 써 넣으셨다. 예수 그리스도가 신인(神人, God-man)으로 말구유에 태어나 우리를 위해 십자가에서 죽으셨다. 예수님이 누구신지를 보라. 그분이 당신을 얼마나 사랑하시며 어떻게 세상을 바로잡기 위해 오셨는지를 보라.

답을 주러 온 것이 아니라
예수가
진짜 답인가

The
Wedding
Party

4

혼인 잔치

예수의 어머니

지금까지 살펴보았듯이 예수님이 이 세상에 오신 이유는 세상이 깨어지고 흑암에 잠겨 있기 때문이다. 이제 세상을 어떻게 바로잡을 수 있는지 생각해 보려고 한다. 구체적으로 예수님은 그 일을 어떻게 하려고 오셨는가?

혼인 잔치에
참여하다

———

    이번 만남의 장소는 혼인 잔치이다. 요한복음 2장에 따르면 예수님과 그분의 어머니와 제자들이 가나라는 동네의 어느 피로연에 초대되었다. 고대 전통 문화는 개인보다 가정과 공동체를 훨씬 중요하게 여겼다. 삶의 의미는 개인의 성취에 있지 않고 좋은 남편이나 아내나 아들이나 딸이나 아버지나 어머니가 되는 데 있었다. 결혼의 목적도 주로 두 사람의 행복보다는 공동체를 결속시키고 다음 세대를 길러내는 데 있었다. 다시 말해서 사회의 공동선이 결혼의 취지였다. 동네의 집집마다 크고 강하고 식구가 많을수록 경제력을 가지고 군사적으로 더 안정되어 번창할 수 있었다.

    그래서 혼례식과 혼인 잔치도 지금보다 훨씬 더 중요한 사안이었다. 결혼의 목적이 단지 부부가 되는 것이 아니라 공동체를 이루는 일인 만큼 매번의 혼례식도 온 동네의 공동 잔치였다. 동시에 신부와 신랑 각자에게도 인생 최대의 사건이었다. 이날을 기하여 그들은 성년이 되고 사회의 정식 구성원이 되었기 때문이었다. 따라서 고대의 혼인 잔치가 일주일 이상 지속된 것은 놀랄 일이 아니다.

    이러한 배경하에 본문은 시작부터 대형 사고로 시작한다. 축제가 하루 이틀이나 지났을까? 집안에 포도주가 떨어진 것이다. 고대 잔치에서 포도주는 단연 가장 중요한 요소였다. 포도주가 떨어졌다니, 사실상 파티는 끝이 난 것이다. 이는 단지 예절에 어긋나는 정도가 아니라 사회적, 심리적 대참사였다. 명예와 수치 중심의 전통 문화에서는 특히 더했다.

이를 계기로 예수님과 어머니 사이에 갈등이 일어난다.

> 사흘째 되던 날 갈릴리 가나에 혼례가 있어 예수의 어머니도 거기 계시고 예수와 그 제자들도 혼례에 청함을 받았더니 포도주가 떨어진지라 예수의 어머니가 예수에게 이르되 저들에게 포도주가 없다 하니 예수께서 이르시되 여자여 나와 무슨 상관이 있나이까 내 때가 아직 이르지 아니하였나이다 그의 어머니가 하인들에게 이르되 너희에게 무슨 말씀을 하시든지 그대로 하라 하니라 거기에 유대인의 정결 예식을 따라 두세 통 드는 돌 항아리 여섯이 놓였는지라 예수께서 그들에게 이르시되 항아리에 물을 채우라 하신즉 아귀까지 채우니 이제는 떠서 연회장에게 갖다 주라 하시매 갖다 주었더니 연회장은 물로 된 포도주를 맛보고도 어디서 났는지 알지 못하되 물 떠온 하인들은 알더라 연회장이 신랑을 불러 말하되 사람마다 먼저 좋은 포도주를 내고 취한 후에 낮은 것을 내거늘 그대는 지금까지 좋은 포도주를 두었도다 하니라 예수께서 이 첫 표적을 갈릴리 가나에서 행하여 그의 영광을 나타내시매 제자들이 그를 믿으니라(요 2:1-11).

이 사건을 이해하는 열쇠는 그것을 그냥 기적이 아니라 표적 (sign)이라고 칭한 마지막 구절에 있다. 표적이란 다른 무엇을 상징하거나 신호한다. 예수님은 굳이 그러실 필요가 없는 상황에서 능력을 내보이셨다. 일부러 "이 첫 표적을 행하여 그의 영광을 나타내"셨다. 사람들에게 자신의 참 정체를 내보이신 것이다. 하필 이런 식으로 자신을 노출하셨다는 사실이 자못 흥미롭다.[1]

예수님의 사역 활동이 공적으로 처음 시작된 때임을 염두에 두라. 당신이 공직의 후보자거나 창업하는 사업가거나 음반을 처음 출시하는 음악가라고 상상해 보라. 어느 경우든 대중 앞에 첫 선을 보일 때는 매우 신중할 것이다. 세세한 부분 하나하나까지 꼼꼼히 신경을 쓸 것이다. 당신의 취지가 모든 언행을 통해 전달되도록 노력할 것이다. 그런데 예수님이 자신의 정체를 드러내시는 행동을 보라. 누군가의 생사가 오가거나 귀신이 들렸거나 굶주리고 있는 게 아니다. 그분은 자신의 모든 취지를 알리실 본질적 신호로 왜 하필 잔치를 택하셨을까? 초자연적 능력으로 좋은 포도주를 다량 공급하여 혼인 잔치를 이어가는 게 왜 하필 요한이 표적이라 칭한 그분의 첫 기적일까? 도대체 그분은 왜 그러셨을까?

듀크대학교의 명망 높은 영문학 교수였고 유명 소설가였던 레이놀즈 프라이스(Reynolds Price)는 *Three Gospels*(세 편의 복음서)라는 흥미로운 책을 썼다. 그는 마가복음과 요한복음을 번역하고 분석한 뒤 예수님의 생애를 자신만의 버전으로 써 내려갔다. 문학 전문가로서 그는 요한복음이 허구가 아니라 "예수님의 행동과 생각을 냉철하고 사려 깊게 목격한 사람"이 쓴 작품이라 역설했다.[2] 그는 그렇게 결론을 지은 수많은 근거의 하나로 이 첫번째 기적에 대한 기록을 꼽는다. 프라이스는 "예수님의 위대한 사역을 시작하는 표적으로 왜 하필 단순한 사회적 실수를 기적으로 해결했겠는가?"라고 반문한다.[3] 그런 일을 꾸며낼 사람은 아무도 없다!

프라이스의 말에는 약간의 과장이 섞여 있다. 앞서 보았듯이 그 당시 사람들에게 파티에 포도주가 떨어진 일은 단순히 참석한 이들에게 창피한 일 이상이었다. 하지만 신랑 신부가 아무리 수치를 당한다 해도 생사가 달린 상황은 아니었다. 그래서 프라이스의 반문은 설득력을 얻는다. 하필 왜 이 행위가 예수님이 세상에 오셔서 사역을 시작하신다는 신호탄인가?

우선 예수께서 이 상황에 (그리고 우리에게) 무엇을 가져다주는지부터 보자. 9절에서는 '연회장'이 소개된다. 그는 행사 진행을 맡은 사회자였다. 하객들을 불러 축하하게 하고 그 축하의 조건을 두루 완비하는 게 그의 직무였다. 한마디로 그에게는 파티의 흥을 돋울 책임이 있었다. 그런데 예수께서 물로 포도주를 만들어 난국을 수습하셨다. 그리고는 다음과 같이 말씀하신다. "내가 참 연회장이니 나는 잔치의 주인이니라."

어떤 사람은 말할 것이다. "잠깐만, 나는 그분이 자신을 낮추고 영광을 버리고 거부당하여 십자가를 지기 위해 오신 줄로 알았다."

물론 맞다. 그러나 어떤 면에서 예수님은 그 처참한 상실과 고통조차도 전체 맥락 안에 두신다.

예수님은 말씀하신다. "맞아, 나는 자기를 부인하고 고난당할 거야. 옳다. 나로부터 시작하여 나를 따르는 이들도 장차 희생을 겪을 것이야. 그러나 이 모두는 수단이며, 목적은 축제의 기쁨이라! 이것은 다 부활과 새 하늘과 새 땅을 이루어 모든 악과 사망과 눈물을 그치게 하기 위함이라. 숲이 포도주에 취하여 춤추고 노래했다는 디오니소스의 모든 전설을 너희도 알거니와 그것은 역사의 종말에 임할 영원한 잔치에 비하면 아무것도 아니야. 나를 믿는 이들은 지금부터 기쁨의 강물을 속에 품고 그 기쁨의 첫맛을 보리라. 그 맛은 한없이 고달프고 메마른 시대에 생수처럼 깊은 위안과 새 힘을 주리니 결국 나는 그것을 주러 왔노라. 그래서 이것이 나의 첫 표적이니라."

성경은 하나님의 구원과 심지어 그분에 대해서도 감각적 언어로 말할 때가 많다. 시편 34편에 다윗은 이스라엘 백성을 향해 "너희는 여호와의 선하심을 맛보아 알지어다"(8절)라고 말한다. 하지만 그들은 여호와의 선하심을 이미 알지 않았던가? 물론 그렇다. 그런데 다윗은 그들에게 "맛보"라고 권한다. 아무리 옳은 명제일지라도 지적 동의를 넘어서라는 것이다. 즉, "물론 너희는 여호와의 선하심을 안다. 하지만 나는 너희가 그것을 맛보았으면 좋겠다"라고 말한다. 깊이 경험해 보라는 것이다.

장로교 목사인 내가 "예수 그리스도는 마음의 깊은 만족과 황홀한 기쁨을 미래에 뿐만 아니라 현재에도 주기 위해 오셨다"라고 말하면 어떤 이들에게는 조금 이상해 보일 수 있다. 장로교인들은 그보다 좀더 보수적이라고 알려져 있기 때문이다. 하지만 성경이 그렇게 말하고 있으니 어쩌겠는가! 종말의 날에 대해 성경이 어떻게 말하는지 아는가? 예수님도 그 순간 혼인 잔치에서 이 생각을 하셨는지도 모른다. 이사야 25장 6-8절 말씀이다. "만군의 여호와께서 이 산에서 만민을 위하여 기름진 것과 오래 저장하였던 포도주로 연회를 베푸시리니 곧 골수가 가득한 기름진 것과 오래 저장하였던 맑은 포도주로 하실 것이며 또 이 산에서 모든 민족의 얼굴을 가린 가리개와 열방 위에 덮인 덮개를 제하시며 사망을 영원히 멸하실 것이라 주 여호와께서 모든 얼굴에서 눈물을 씻기시며 자기 백성의 수치를 온 천하에서 제하시리라 여호와께서 이같이 말씀하셨느니라."

기쁨의
시작이 아닌
고난의 시작

J. R. R. 톨킨(J. R. R. Tolkien)의 《반지의 제왕》(*Lord of the Rings*)에서

샘와이즈 갬지가 운명의 산에서 구조되어 깨어나 보니 간달프가 멀쩡히 살아 있었다. 사태를 파악한 갬지는 "간달프, 나는 당신이 죽은 줄로 알았습니다. 하기야 나 자신도 죽은 줄로 알았지요. 이제 모든 슬픔이 사라지는 건가요?"라고 말한다. 성경 전체가 말해 주듯이 예수께서 결국 하실 일이 본질상 바로 그것이다. 우리는 이 세상에서 천국으로 취하여지는 게 아니라 종말에 천국이 내려와 이 세상을 새롭게 한다. 그날에는 모든 눈물이 씻길 것이다. 요컨대 모든 슬픔이 사라진다. 그분은 바로 그 일을 하기 위해 오셨다.

도스토예프스키(Fyodor Dostoyevsky)의 명작 소설 《카라마조프씨네 형제들》(The Brothers Karamazov)에는 두 인물이 고난에 대해 말하는 장면이 나온다. 이반 카라마조프는 고난에 얼마든지 의미가 있을 수 있다며 말한다.

내가 어린아이처럼 믿거니와 고난은 장차 치유되고 보상될 것이다. 인간의 부끄러운 부조리와 모순은 모두 사라지되, 인간의 무력하고 무한히 작은 산술적 사고로 비열하게 꾸며낸 한심한 신기루처럼 사라질 것이다. 세상 끝날 영원한 조화의 순간이 이르면 아주 귀한 일이 벌어져 그것만으로 모든 마음에 충분하고, 모든 억울함을 위로하기에 충분하며, 인류의 모든 죄와 여태 흘린 모든 피를 속하기에 충분할 것이다. 그리하여 용서가 가능해질 뿐아니라 그동안 있었던 모든 일이 신원될 것이다.[4]

여기에서 도스토예프스키의 기독교가 그의 문학적 상상력과 기교를 통해 절정에 달한다. 그는 종말의 날은 너무 놀랍고 신기할 만큼 기쁨과 만족 이상의 경이로움을 준다고 말했다. 그로 인해 가장 비참했던 인생조차도 (아빌라의 성 테레사가 말했다는 표현을 빌려) 인생이 "허름한 여인숙의 하룻밤처럼" 느껴질 것이라고 믿었다.

예수 그리스도는 "나는 잔치의 주인이니 결국 기쁨을 주러 왔노라. 그래서 나의 정체를 드러내는 행동이자 첫 기적은 바로 만인에게 웃음을 주는 일이니라"라고 말씀하신다. 그분이 무엇을 주기 위해 오셨는지는 이제 알았으리라! 그런데 왜 그것을 주셔야만 했을까? 이 기적의 또 다른 세부 사항에 주목해 보자. 그분은 결례를 범한 신혼부부를 어떻게 구해 주셨는가?

예수님은 유대인의 정결 예식에 쓰이는 항아리에 물을 채우게 하셨다. 알다시피 구약의 유대교에는 의식과 규정이 아주 많아서 잡다한 절차를 거쳐서 몸을 정결하게 씻어야 했다. 이러한 과정은 우리의 영적 필요였다. 거룩하신 하나님과 흠이 많은 우리가 연결되기 위해서는 속죄와 정화와 용서가 요구되었다. 무작정 그분의 임재 안으로 들어갈 수는 없기 때문이다. 그래서 유대인에게는 복잡한 정결 예식이 많았고 그것의 절정은 피 제사였다. 본문에 등장하는 항아리는 통상 그런 정결 예식에 쓰였다.

여기서 우리는 포도주를 공급하지 못한 일이 단순한 낭패 이상임을 기억해야 한다. 수치와 명예 중심의 문화에서 당신이 가족들을 실망시켰다면 얼마나 면목이 없었을지 상상해 보라. 개인주의 사회에 사는 우리는 그 역동을 십분 이해할 수 없다. 본문의 두 젊은 이는 분명히 공적인 수치와 죄책에 직면해 있었다. 그런데 예수 그리스도가 이 모든 문제로부터 그들을 구해 주신다. 정결 예식에 으레 쓰이던 항아리를 동원하시며 메시지를 전하신다. 예수님은 자신이 구약의 의식법과 제사법이 가리켜 보이던 그 실체를 성취하기 위해 세상에 오셨음을 알려 주신다.

앞서 2장에서 죄의 개념을 언급했었다. 죄에 대해 설명하며 불편함을 느끼기도 한다. 그러나 죄를 모른다면 예수님이 주시는 참 기쁨을 알 수 없다. 우리에게는 씻어야 할 얼룩과 죄책과 수치가 있어 구원이 필요함을 알아야 한다. 아무 문제도 없다고 속아서는 안 된다. 분명 당신은 자신에게 정말 문제가 있음을 마음 깊이 안다. 왜 늘 과도하게 열심히 사는가? 왜 매사에 당신이 옳아야만 하는가? 왜 겉모습에 그토록 신경을 쓰는가? 자신에게 문제가 있음을 알기 때문에 스스로 정화하고 입증하고 은폐하려 애를 쓰는 것이다.

영화 '록키'(Rocky) 시리즈의 제1편을 기억하는가? 록키는 헤비급 챔피언 아폴로 크리드와의 결전을 앞두었다. 시합 전날 밤 그는 여자 친구 아드리안 곁에 누워, 사실 자신은 이번 싸움에 이길 필요가 없고 끝까지 넘어지지 않고 버티기만 하면 된다고 말한다. 그의 설명을 읽어 보자.

그냥 무언가 입증하고 싶어. 내가 건달이 아니라는 걸. 져도 괜찮아. 상대에게 골통이 부서져도 괜찮아. 끝까지 해내고 싶을 뿐이지. 그게 다야. 여태까지 크리드를 상대로 15라운드까지 간 사람은 아무도 없어. 15라운드까지 가서 종이 울릴 때 내가 아직도 서 있다면 그때 나는 알게 될 거야. 내가 그 동네 출신의 또 한 명의 건달이 아니었음을.

어쩌면 우리도 록키와 마찬가지이다. 열심히 노력해서 멋있어 보이고 목적을 성취하려는 그 모든 꿈은 자신이 불량배가 아님을 모든 사람과 심지어 이미 당신 곁을 떠난 이들에게까지 입증하기 위해서다.

영화 '불의 전차'(Chariots of Fire)에 등장하는 해럴드 에이브러햄스를 떠올려 보자. 100미터 경주의 1인자가 되도록 그를 몰아 간 동인은 무엇인가? 결승전 직전에 그는 "눈을 들어 저 주로(走路)만 노려볼 것이다. 외로운 10초로 내 모든 존재의 정당성을 입증해야 하는데"라고 말한다. 그의 솔직한 인정이 인상적이다. 우리가 원하는 바는 그저 잘하는 게 아니다. 그저 사회에 기여하는 게 아니다. 그저 유명해지는 게 아니다. 내면 깊이 우리는 죄인임을 느낀다. 느끼는 정도가 아니라 잘 알고 있다.

성경의 은유로 표현을 바꾸려면 창세기 3장으로 돌아가면 된다. 열매를 먹고 하나님을 등진 아담과 하와는 즉시 자신들이 벌거

벗은 상태임을 깨닫는다. 하나님께도 보이지 않게 실상을 가려야 한다고 느꼈다. 그래서 무화과나무 잎을 몸에 둘렀다. 당신의 성공한 삶이 큼직한 무화과나무 잎에 지나지 않을 가능성을 생각해 보라. 결국 그것으로는 당신이 아는 잘못을 가리기에는 부족하다는 사실을 기억하라.

굳게 믿거니와 우리는 자신이 깨끗해져야 함을 안다. 죄의 개념을 몹시 불편해하는 이들조차도 마찬가지다. 대놓고 말하자니 거북하지만 우리 안에는 이기심과 죄가 스스로 믿고 싶지 않을 만큼 많다. 당신 안에도 신학적으로나 철학적으로 부인하고 싶은 것들이 많이 있다. 당신은 "나는 휴머니스트라서 인간이 본래 악하다고 믿지 않는다"라고 말할 것이다. 그러나 살 만큼 살았고 자신에게 정직하다면 의심의 여지없이 알게 된다. 당신의 마음속에는 당신을 속이다 못해 충격에 빠뜨릴 것들이 있다. "내가 그럴 줄은 몰랐다"라는 말이 절로 나올 정도다.

문제는 우리 모두에게 적용된다는 것이다. 아돌프 아이히만(Adolf Eichmann)은 유대인 대학살을 기획한 나치 전범으로 제2차 세계대전 후에 남미로 도피했으며 1960년에 잡혀 이스라엘로 압송되어 재판을 받았다. 그는 유죄 판결을 받고 처형당했다. 그런데 재판 중에 아주 흥미로운 사건이 있었다. 그는 끔찍한 반인류 범죄로 기소되었는데 그의 범행을 목격한 증인이 필요했다. 죽음의 수용소에서 만행에 가담하던 그를 본 사람을 찾아야만 했다. 중요 증인 중에는 예힐 디누르(Yehiel De-Nur)라는 남자가 있었다. 증언을 위해 들어온 그는 유리 칸 너머의 아이히만을 보자마자 울음을 터뜨리며 바닥에 쓰러졌다. 일대 혼란이 벌어졌다. 아주 극적인 장면이었다.

그로부터 얼마 후에 마이크 월리스(Mike Wallace)가 텔레비전 프로그램 〈60분〉에서 디누르를 인터뷰했다. 월리스는 그가 쓰러지던 순간을 영상으로 보여 주며 그렇게 된 연유를 물었다. 괴로운 기억을 주체할 수 없었을까? 증오가 북받쳐서 쓰러진 것일까? 디누르가 내놓은 답은 월리스를 충격에 빠뜨렸다. 아니 서구의 거의 모든 세속인들이 그의 말에 충격을 받았다. 그는 아이히만이 악마가 아니라 평범한 인간임을 깨닫는 순간 평정을 잃었다고 말했다. "나 자신이 무서워지더군요. 나도 그 사람과 똑같이 그럴 수 있음을 깨달았으니까요."[5]

물론 당신이 나치당이 우리와는 달리 인간 이하였고 우리는 그들처럼 행동할 수 없다고 말해도 좋다. 하지만 그런 관점에는 심각한 문제가 있다. 부인할 수 없는 역사적 사건에서 가장 두려운 것은 악을 기획한 몇몇 사람이 아니라 세계 최고의 학문과 과학과 문화를 양산하던 한 사회 전체의 공모였다. 그래서 그 시대를 몇명의 고립형 괴물의 소행으로 일축할 수는 없다. 게다가 나치당을 "우리와는 달리 인간 이하였다"라고 내몬다면 이거야말로 바로 그들이 악을 행하며 주장하던 논리와 다를 것이 없다. 그들도 특정 집단을 자신과 달리 인간 이하라고 여겼다. 당신은 우리와 그들이 똑같은 인간임을 부인할 참인가? 그들의 뒤를 따르고 싶은가? 나치당의 절대다수와 그들에게 지배당한 수백만 국민은 무서운 발톱이 달린 괴물이 아니었다. 아이히만의 재판을 지켜본 한나 아렌트(Hannah Arendt)가 〈더 뉴요커〉(New Yorker)에 전한 바에 따르면 "그는 결코 사이코패스가 아니었고 증오나 분노를 보이지도 않았다. 그저 출세하고 싶었던 평범한 사람"이었다. 그녀는 이를 '악의 평범성'(the banality of evil)이라 칭했다. 이처럼 악은 모든 평범한 인간의 마음속에 도사리고 있다.

따라서 이렇게 말하는 것이 더 솔직할 것이다. "나도 끔찍한 일을 저지른 사람들과 똑같아. 같은 재료로 만들어진 인간이기 때문이야. 내 속 깊은 곳에 이기적으로 잔인해질 수 있는 무엇이 틀림없이 존재하는데 그것을 보고 싶지 않아."

물론 예수님은 우리의 속을 아신다. "많은 사람이 그의 이름을 믿었으나 예수는 그의 몸을 그들에게 의탁하지 아니하셨으니 이는 그가 친히 사람의 속에 있는 것을 아셨음이니라"(요 2:23-25).

대부분의 경우 마음속의 죄와 이기심으로 인해 공공연히 잔인하고도 폭력적인 범죄 행위를 저지르지는 않는다. 하지만 그로 인해 주변 사람들을 불행하게 만들고 하나님을 섬기지 못했다. 우리를 지으신 그분께 모든 것을 빚졌는데도 말이다. 그래서 예수님이 이런 영적 문제를 해결하고 우리를 정결하게 하기 위해 이 땅에 오셨다.

그렇다면 예수님은 그 치유와 정화와 용서를 어떻게 주시는가?

여기서 본문의 내러티브는 핵심에 도달한다. 어머니 마리아는 예수님께 파티에 포도주가 떨어졌다고 말한다. 모두의 앞에서 그냥 알렸을 수도 있었을텐데 그러지 않았다. 마리아는 예수님의 정체를 정확히는 몰랐더라도 아들이 평범한 사람이 아닌 것만은 눈치채고 있었다. 잉태의 순간 찾아온 천사들이 그녀의 기억 속에 남아 있었다. 어찌 그렇지 않겠는가? 출생 이후 예수님께 그녀가 무엇을 더 보고 들었는지 우리는 모른다.[6]

어쨌든 그녀는 예수님께 문제를 말한다. 그러자 예수님은 "여자여, 나와 무슨 상관이 있나이까"라고 답하신다. 어머니에게 하는 말치고는 아주 차갑게 느껴진다. 이런 본문은 번역이 부적절할 때가 있어 원어로 읽으면 뉘앙스가 더 잘 전달된다. 그러나 주석가들의 말마따나 이 경우는 예수께서 평소와 달리 어머니께 냉정하게 말씀하신 게 맞다. 가정 지향의 그 사회에서는 특히 더 그렇게 들렸을 것이다. 어찌된 일일까? 다른 복음서 기사에서 보듯이 예수님은 여간해서는 화를 내지 않으신다. 후회할 말도 하지 않으신다. 고문당하실 때도 홧김에 독설을 내뱉으신 적이 없다. 따라서 지금도 그저 짜증을 내신 것이 아니다. 무언가가 예수님을 무겁게 짓누르고 있었다. 그게 무엇인지 곧바로 우리에게 알려 주신다. "내 때가 아직 이르지 아니하였나이다."

요한복음을 잘 읽어 보면 예수님이 그분의 '때'를 몇 번 더 언급하신다. 이는 매번 자신의 죽음을 두고 하신 말씀이다. 그분의 때는 곧 십자가에서 죽는 순간이다. 그렇다면 이 대답이 왜 심히 '불합리한 추론'인지 알겠는가?

'내 때'가 무슨 의미인지 마리아가 알았을 가능성은 희박하다. 그녀는 그저 자신의 단순한 말에 대한 아들의 반응이 감정적이고 날카롭고 수수께끼 같고 다소 공격적이라는 것만 알 뿐이었다. 그래도 그녀는 논쟁하거나 설명을 요구하거나 대다수 부모처럼 질색하며 돌아서지 않는다. 천사들이 해 준 말을 기억하는 그녀인지라 잔치 손님을 시중드는 그 집 하인들에게 가서 "너희에게 무슨 말씀을 하시든지 그대로 하라"라고 말한다.

도대체 예수님은 무슨 생각을 하신 걸까? 그저 포도주를 청하는 말을 왜 자신의 죽음의 때와 연결시키실까? 상징을 생각해 보라. 이 기적은 그분이 하러 오신 일의 표적이다. 그분의 생각에 포도주는 무엇을 상징하는 것일까? 수치를 기쁨으로 바꾸기 위해 필요한 것 중에 이 그림에서 빠져 있는 것은 무엇인가? 우리는 그 답을 안다. 그분이 포도주를 만드실 때 정결 예식용 항아리를 쓰셨기 때문이다.

수수께끼 같은 말씀을 하시는 순간의 예수님은 마치 어머니와 신랑 신부와 전체 피로연장 너머로 저 멀리까지 내다보신 듯하다. 다른 무엇을 보신 것이다. 그분의 생각은 이렇다. '옳소이다. 나는 이 세상에 축제의 기쁨을 가져올 수 있고 죄책과 수치로부터 인류를 깨끗하게 할 수 있나이다. 기쁨을 주러 내가 세상에 왔나이다. 그러나 어머니여, 그러려면 내가 죽어야 하나이다.'

사실 나는 그분의 머릿속에 그보다 많은 생각이 떠올랐을 것이라고 본다. 하나님이 구약에서 보여 주시듯이 그분이 원하시는 우리와의 관계는 단지 왕과 신민의 관계가 아니라 신랑과 신부의 관계다. 그분은 우리와의 사랑 관계가 부부 관계만큼이나 깊기를 원하신다. 그래서 구약성경에서 자주 백성의 신랑으로 자처하신다. 그런데 신약의 복음서에 제자들이 금식하지 않는다는 비난을 듣자 예수님은 "혼인 집 손님들이 신랑과 함께 있을 때에 금식할 수 있느냐"라고 되물으신다. 들었는가? 예수님이 자신을 신랑이라 칭하신다! 이는 우주의 창조주 하나님만이 성경에 자기 백성의 남편이심을 예수께서 익히 아시고 하신 말씀이었다. 저자 요한은 이 주제를 중시하여 신약 끝의 계시록에서 만물의 종말을 이렇게 묘사한다. "또 내가 보매 거룩한 성 새 예루살렘이 하나님께로부터 하늘에서 내려오니 그 준비한 것이 신부가 남편을 위하여 단장한 것 같더라"(계 21:2). "천사가 내게 말하기를 '기록하라 어린 양의 혼인 잔치에 청함을 받은 자들은 복이 있도다' 하고"(19:9).

다시 말해서 종말에 모든 잔치를 종결시킬 잔치가 있다. 그냥 막연한 잔치가 아니라 혼인 잔치다. 서로 사랑하는 우리와 그분의 친밀하고 영원한 연합을 마침내 경축하는 자리이다. 역사는 그렇게 종결된다. 예수님은 바로 그 일을 이루기 위해 오셨다. 예수님이 사랑하신 백성인 우리는 신부가 되어 마침내 그분과 연합할 것이다. 이 땅에서 결혼한 부부의 황홀한 사랑도 미래의 그 우주적 실재에 비하면 아주 희미한 그림자와 메아리에 불과하다.

구약성경을 속속들이 훤히 아시는 예수님은 자신의 모든 사역이 아직 미래의 일이었음에도 불구하고 위대하신 신랑으로 자처하신다. 그런 그분이 지금 혼인 잔치에 와 계신다. 미혼자들은 남의 결혼식에서 무슨 생각을 할까? 꿈꾸는 듯한 시선으로 피로연에 앉아 있을 때가 많을까? 눈앞의 신랑 신부 너머로 자신의 결혼식 날이 어떠할지를 상상하고 있는 것은 아닐까? 어쩌면 예수님도 그러셨을 것이다. 무한히 기쁘고도 극도로 섬뜩할 자신의 예식을 생각하셨을 것이다. 그래서 그분이 하신 말씀을 다시 한 번 풀어 적어 보자. "어머니여, 내 백성이 내 품에 안기려면 내가 죽어야 하나이다. 내 백성이 기쁨과 축제와 복의 잔을 마시려면 내가 정의와 형벌과 죽음의 잔을 마셔야 하나이다."

진정한
기쁨을
얻기 원한다면…

───

여기 결정적 질문의 답이 있다. 예수님은 우리에게 기쁨을 가져다주시기 위해 어떻게 하시는가? 자신의 기쁨을 모두 잃으신다. 아버지와 함께 사시던 하늘을 떠나신다. 일생을 오해받으며 외롭게 사신다. 십자가에서 우리를 대신해 죽으신다.

많은 사람이 이렇게 말한다. "나는 교회를 좋아하지 않고 기독교 교리를 받아들이지 않아. 지옥이니 하나님의 진노니 피의 속죄니 하는 것도 다 믿지 않아. 그런데도 예수님은 참 좋아. 그분이 어떻게 사람들을 사랑하시고 베푸시는지 좀 봐. 사람들이 예수님을 본받고 그분의 가르침을 따르기만 한다면 세상은 더 나아질 거야."

흔한 관점이지만 문제점이 많고도 깊다. 혼인 잔치에서까지 자신의 죽음을 생각하신 예수님이라면 항상 자신의 죽음에 대해 생각하셨다고 볼 수 있다. 그분은 주로 좋은 모델이 되려고 오신 게 아니다. 얼마나 다행인가! 왜 다행인지 아는가? 그분이 너무 선하시기 때문이다. 그토록 완전하신 분이 모델이라면 당신은 완전히 실의에 빠져 모든 것을 포기할 것이다. 정말 진지하게 그분을 삶의 모델로 삼아 그 성품과 실천에 세세히 주목한다면 누구라도 절망할 수밖에 없다. 그분은 감히 비교할 수 없을 만큼 우월하시다. 당신을 그분께 비교하면 도덕적으로 훌륭해지려던 진정한 열망이 절망으로 부서질 뿐이다.

그런데 놀랍게도 예수님은 우리에게 자력 구원의 방법을 알려 주기 위해 오신 게 아니라 친히 우리를 구원하시기 위해 오셨다. 그분은 죽기 위해 오셨다. 그분이 피 흘려 저주와 형벌의 잔을 마셨기에 우리는 복과 사랑의 잔을 들어 올릴 수 있다.

'예수님의 죽음'이야말로 복음을 이해하는 데 가장 중요한 통찰이다. 또 하나의 통찰은 그 죽음의 의미와 목적인 '대속'이다. 그분이 정결 예식의 항아리를 통해 보이신 요지가 히브리서에 자세히 설명되어 있다. 예수님은 구약의 제사 제도를 모두 성취하셨다. 성막과 성전, 휘장, 내실(內室)의 지성소 등 그 제도의 핵심은 피 제사였다. 왜 그랬을까? 우리는 죄인이며 죄는 형벌을 요하기 때문이다. 무언가가 죄인을 대신해 죽어 죄를 속해야만 했다. 그 오랜 세월 짐승들이 죽어 나갈 때마다 이런 의문이 일어났음을 알 수 있다. 어떻게 어린 양이 사람을 대신할 수 있는가? 그런데 세례 요한은 예수님을 처음 보았을 때 "보라 세상 죄를 지고 가는 하나님의 어린 양이로다"라고 말했다. 다시 말해서 요한은 그간의 모든 어린 양이 우리 죄를 질 수도 없었고 지지도 않았음을 알았다. 그 양들은 참으로 무죄하고 흠 없는 어린 양 예수님을 가리켜 보였을 뿐이다. 바로 그분이 우리 죄를 지신다. 예수 그리스도는 우리 대신 형벌을 받아 죽기 위해 오셨다.

여기에 이렇게 대응하는 사람이 많다. "끔찍하다. 기독교가 피에 굶주린 고대의 신들과 무엇이 다른가." 《일리아드》(Iliad)에 보면 아가멤논이 트로이에 가려다 힘이 부치자 자기 딸을 신들에게 제물로 바친다. 그러자 신들은 "이제 됐다. 이로써 너 아가멤논을 향한 우리의 진노가 풀렸으니 이제 너에게 순풍을 주리라"고 말한다. 성경이 하는 말도 이와 같은가?

기독교인들이 이 땅에 오신 예수님의 죽음과 하나님의 진노에 대하여 말하면, 현대 비기독교인들의 귀에는 도살과 제사 중심의 또 다른 원시 종교처럼 보일 수 있다. 그러나 이는 복음을 완전히 오해한 것이다. 예수 그리스도의 정체가 자신의 주장대로라면 - 육신으로 오신 우주의 창조주라면 - 십자가에 달리신 분은 하나님 자신이다. 즉 하나님이 이 땅에 오셔서 자기 목숨으로 궁극의 값을 치르신 것이다. 우리에게 치르라 하지 않으시고 친히 치르셨다. 이를 가리켜 "자신으로 대신하신 하나님"이라 칭하기도 한다.

논리에 어긋나 보이는가? 그렇다면 당신이 경험한 용서를 생각해 보라. 누군가 당신의 탁상용 스탠드를 넘어뜨려 전등이 깨졌다고 하자. 상대가 "미안합니다. 새 것으로 배상해 드리겠습니다"라고 하면 당신은 둘 중 하나의 반응을 보인다. "네, 감사합니다"라고 하면 상대가 값을 치른다. "아닙니다, 괜찮습니다"라며 상대를 용서할 수도 있다. 하지만 용서한다고 끝나는 게 아니라 당신이 직접 전등을 새로 사거나 아니면 전등 없이 살아야 한다. 다시 말해서 둘 중 어느 쪽이든 반드시 값을 치른다. 빚은 그냥 없어지지 않는다. 항상 누군가가 갚아야 한다. 당신이 돈이 많다면 "걱정 마십시오. 별것 아닙니다"라고 답하기가 쉬울지 모르지만, 돈도 없는데다 그 스탠드가 대대로 내려온 집안의 가보라면 그렇게 넘어가기가 한결 어려울 것이다.

이 사고 실험은 더 까다로워질 수 있다. 누군가가 당신의 평판에 먹칠하고 해를 끼친다면 당신은 어떻게 하겠는가? 우선 상대가 당신을 비방했던 그 대상들을 찾아가 당신도 똑같이 상대의 평판을 망쳐 놓는 방법이 있다. 즉 눈에는 눈, 이에는 이 작전이다. 그러면 상대가 값을 치러야 한다. 반대로 상대를 용서할 수도 있다. 그러면 빚을 당신이 떠안아야 한다. 관련된 사람들 앞에서 체면을 잃고, 상대의 평판을 해칠 권리를 포기한 것이다. 요컨대 이로 인해 당신은 고난을 당한다. 손해 보지 않고는 참된 용서는 없다.

이게 다 우리가 조금이나마 하나님의 속성을 닮았기 때문이다. 거룩하고 정의로우신 하나님이 우리를 내려다보시며 "너희가 서로의 삶을 망쳐 놓고 내 창조 세계와 서로를 짓밟는구나. 내 그냥 눈감아 주마"라고 말씀하실 수 없다. 그분은 그저 빚이 없어지기만을 바라며 기다리실 수는 없다. 당신을 사랑하지 않으셔서가 아니다. 오히려 정반대다. 하나님은 지극히 거룩하시기에 빚을 갚고자 예수 그리스도로 오셔서 죽으셔야 했다. 당신을 향한 사랑이 넘치시기에 즐거이 오셔서 죽으셨다.

당신에게 호소한다. 대신 희생한다는 개념이 불쾌한가? 본질상 잘못된 것인가? 내가 보기에는 그렇지 않다. 남을 잘되게 하려고 한없이 소중한 것마저 기꺼이 포기하는 것보다 더 감동적인 이야기는 없다. 당신을 위해 희생한 사람이 있음을 아는 것보다 더 가슴 뭉클한 기쁨은 없다. 찰스 디킨스(Charles Dickens)의 《두 도시 이야기》(A Tale of Two Cities)는 시드니 카턴과 찰스 다네이가 한 여자를 사랑한 이야기이다. 그리고 그녀는 찰스와 결혼한다. 소설 결말부에 찰스는 체포되어 감옥에 갇힌다. 이튿날이면 처형당할 운명이다. 아내와 자식을 두고 곧 죽어야 한다. 마침 찰스와 용모가 비슷한 시드니는 몰래 감옥에 들어가 이전의 라이벌을 기절시켜 친구들을 통해 안전한 곳으로 빼돌린 뒤 자신이 찰스의 옷을 입고 대신 죽으려고 기다린다. 얼마 후 방랑자 같은 한 재봉사가 소개된다. 역시 죄수인 그녀는 단두대로 가던 중에 시드니를 찰스로 알고 그에게 다가가 위로를 청한다. 그러다 상대가 찰스가 아님을 알고는 눈이 휘둥그레져서 "그를 위해 죽으려고요?"라고 속삭인다. 시드니는 그녀의 입을 막으며 "그의 아내와 자식을 위해서이기도 합니다"라고 말한다. 그러자 앞서 위로를 청했던 그녀가 재차 간청한다. "초면이지만 당신의 용감한 손을 잡아도 될까요?" 자기를 위한 희생도 아니건만 그녀는 대신 희생한다는 개념 자체만으로도 오싹한 죽음 앞에서 온기와 힘을 얻는다.

이처럼 예수 그리스도가 당신을 위해 희생하셨다. 그 사실을 믿는다면 당신은 어떻게 달라질까? 그분은 모두에게 대속과 생명을 주러 오셨고, 방법은 자신의 희생이었다. 당신을 죄책에서 해방시키실 뿐 아니라 결국에는 자신의 배우자로 품에 안으시기 위해서다. 그리하여 당신을 사랑하시고 완성시키시기 위해서 택하신 희생이다.

예수님의 희생을 알면 찾아오는 두 가지 변화는 다음과 같다. 첫째, 하나님은 자신을 더 잘 보여 주시려고 은유를 고르실 때마다 자신이 우리를 어떻게 보시는지도 알려 주신다. 그분은 우리의 신랑과 같을진대 당신이 믿음으로 예수님께 자신을 드리면 그분은 정말 당신을 기쁘게 받으신다. 하나님은 자신을 은유로 표현하실 때마다 우리의 일면에도 가르쳐 주신다. 결혼식장에 입장하는 신부가 신랑에게 어떻게 보이는지 아는가? 신부는 가장 아름다운 예복과 보석으로 꾸며져 있다. 신부에게 눈길이 머무는 순간 신랑은 기뻐서 어쩔 줄을 모른다. 온 세상을 다 주고 싶어진다. 예수 그리스도는 어떻게 차마 이런 은유를 써서 인간의 황홀한 경험을 소환하실까? 자기 백성을 그같이 사랑하셔서가 아닐까? 당신을 그같이 기뻐하셔서가 아닐까? 물론이다. 매순간의 실존 속에 이를 의식하며 산다면 당신의 삶이 얼마나 달라지겠는가?

둘째, 미래를 내다보면 현재를 감당할 수 있다. 오래전 나는 이 주제에 대한 에드먼드 클라우니(Edmund Clowney)의 설교를 들었다. 그는 다음 사실에 무게를 두었다. 다들 마냥 즐겁게 포도주를 마시던 혼인 잔치의 한가운데서 예수님은 어떤 의미에서 장차 닥쳐올 죽음의 쓴맛을 보셨다. 하지만 우리는 그럴 필요가 없다. 클라우니 박사는 이렇게 표현했다. "예수께서 기쁨 일색인 혼인 잔치의 한가운데 앉아 장래의 슬픔을 마시셨기에 오늘 그분을 믿는 당신과 나는 세상 모든 슬픔의 한가운데 앉아 장래의 기쁨을 마실 수 있다." 장래의 기쁨인 어린 양의 잔치 덕분에 우리는 엄청난 안정을 누릴 수 있다.

믿음으로 성만찬에 참여할 때마다 당신은 그 놀라운 잔치의 첫맛을 보는 것이다. 지금은 슬픔의 한가운데 있을지라도 장래의 기쁨을 마시라. 사랑도 하나뿐이고, 잔치도 하나뿐이며, 당신의 마음

에 필요한 것을 빠짐없이 채워 주실 수 있는 분도 하나이다. 이 모두
가 당신을 기다리고 있다. 이 사실을 알기에 당신은 그 어떤 현실에
도 능히 맞설 수 있다.

"

정말
부활이
가능한가

"

The
First
Christian

5
최초의 그리스도인

막달라 마리아

앞장에서는 예수께서 세상의 문제를 어떻게 바로잡으셨는지에 관해 살펴보았다. 이제 그분이 하신 일에 우리가 어떻게 반응해야 하는지를 보려 한다. 바로 그리스도와의 관계에서 가장 근본적인 측면인 '믿음'이다. 성경 어디를 보나 나와 있듯이 하나님이 그리스도를 통해 주시는 통찰과 위로와 선물은 다 믿음으로 말미암아 우

리의 것이다. 그런데 기독교의 믿음이 어떤 의미인지에 대해서조차
혼란이 많다. 이 중대한 개념을 더 잘 이해하기 위해 요한복음에 나
오는 예수 그리스도와 어느 한 사람의 만남을 살펴보자.

불가능하고도
합리적인
기독교 신앙

———

안식 후 첫날 일찍이 아직 어두울 때에 막달라 마리아가 무덤에
와서 돌이 무덤에서 옮겨진 것을 보고 시몬 베드로와 예수께서
사랑하시던 그 다른 제자에게 달려가서 말하되 사람들이 주님을
무덤에서 가져다가 어디 두었는지 우리가 알지 못하겠다 하니 베
드로와 그 다른 제자가 나가서 무덤으로 갈새 둘이 같이 달음질
하더니 그 다른 제자가 베드로보다 더 빨리 달려가서 먼저 무덤
에 이르러 구부려 세마포 놓인 것을 보았으나 들어가지는 아니하
였더니 시몬 베드로는 따라와서 무덤에 들어가 보니 세마포가 놓
였고 또 머리를 쌌던 수건은 세마포와 함께 놓이지 않고 딴 곳에
쌌던 대로 놓여 있더라 그때에야 무덤에 먼저 갔던 그 다른 제자
도 들어가 보고 믿더라(그들은 성경에 그가 죽은 자 가운데서 다시 살아나야

하리라 하신 말씀을 아직 알지 못하더라) 이에 두 제자가 자기들의 집으로 돌아가니라 마리아는 무덤 밖에 서서 울고 있더니 울면서 구부려 무덤 안을 들여다보니 흰옷 입은 두 천사가 예수의 시체 뉘었던 곳에 하나는 머리 편에 하나는 발 편에 앉았더라 천사들이 이르되 여자여 어찌하여 우느냐 이르되 사람들이 내 주님을 옮겨다가 어디 두었는지 내가 알지 못함이니이다 이 말을 하고 뒤로 돌이켜 예수께서 서 계신 것을 보았으나 예수이신 줄은 알지 못하더라 예수께서 이르시되 여자여 어찌하여 울며 누구를 찾느냐 하시니 마리아는 그가 동산지기인 줄 알고 이르되 주여 당신이 옮겼거든 어디 두었는지 내게 이르소서 그리하면 내가 가져가리이다 예수께서 마리아야 하시거늘 마리아가 돌이켜 히브리말로 랍오니 하니 (이는 선생님이라는 말이라) 예수께서 이르시되 나를 붙들지 말라 내가 아직 아버지께로 올라가지 아니하였노라 너는 내 형제들에게 가서 이르되 내가 내 아버지 곧 너희 아버지 내 하나님 곧 너희 하나님께로 올라간다 하라 하시니 막달라 마리아가 가서 제자들에게 내가 주를 보았다 하고 또 주께서 자기에게 이렇게 말씀하셨다 이르니라(요 20:1-18).

본문의 서두부터 알 수 있듯이 기독교 신앙은 불가능하고도 합리적(impossible and rational)이다. 이 말이 이상하게 들리는가? 도대체 무슨 뜻인가? 믿음을 갖는 게 어느 누구에게나 불가능한 일이 아니다. 우리의 망가진 도덕적 영적 감수성의 상태로는 믿음을 가질 수 없다. 요컨대 믿음은 외부의 개입이나 도움이 없이는 누구에게도 불가능하다.

그 진리를 본문은 이렇게 전해 준다. 우선 명심해야 할 게 있는데, 이미 예수님은 자신이 죽으시고 사흘 만에 살아나실 것을 제자들에게 누누이 말씀하셨다. 특히 마가복음에 확실히 나와 있다. 8장에 그분은 "인자가 죽임을 당하고 사흘 만에 살아나야 할 것"을 말씀하셨고, 9장에서도 "인자가 죽임을 당하고 죽은 지 삼일 만에 살아나리라"라고 하셨고, 10장에서 다시 "인자[를] 그들은 죽일 것이나 그는 삼일 만에 살아나리라"라고 되풀이하셨다. 예수님의 이 주장은 그분의 적들이 듣고 무덤에 경비병을 세웠을 정도로 널리 알려졌다 (마 27:62-66).

그런데 이런 예고에도 불구하고 막달라 마리아는 예수님의 무덤에 갔다가 돌이 옮겨져 있자 득달같이 달려가 "사람들이 주님을 무덤에서 가져"갔다고 말한다. 분명히 부활에 관한 예수님의 예언을 마리아는 누구 못지않게 자주 들었을 것이다. 그런데 빈 무덤을 보고는 왜 하다못해 '아, 그분이 살아나시리라고 하셨지! 정말일까?'라는 생각조차 못했을까? 그녀는 그런 생각이 아예 들지 않았다.

1세기의 모든 유대인은 부활이 불가능하며 예수님이 죽은 자 가운데서 살아나실 수 없다고 확신했었다. 그 구체적인 이유는 차차 살펴보기로 하고 지금은 이 내러티브가 보여 주는 더 큰 요지부터 밝히려 한다. 바로 그리스도의 인격과 사역에 대한 믿음은 누구에게서도 저절로 오지 않는다는 사실이다. 이를 '무능력함'(inability)이라 칭하는 신학자들도 있다. 당신도 알지 모르지만, 하나님께 반응할 인간의 능력이 어느 정도나 되는지에 대한 견해는 기독교의 신학 전통에 따라 꽤 다양하다. 그러나 순전히 우리의 능력만으로 예수 그리스도를 믿어 구원에 이를 수 없다는 데는 그 누구도 이견이 없다. 기독교를 뒷받침해 줄 모든 설득력 있는 증거가 우리 앞에 제시될 수 있다. 메시지도 이 이상 명확할 수 없다. 그런데도 모든 인간은 본성상 영적으로 눈먼 상태이기 때문에 진리를 볼 수 없다. 진리를 자신과 연결시킬 수 없다. 그 명백한 증거를 여기 구속사의 가장 위대한 사건 - 하나님이 예수 그리스도의 부활을 통해 죄와 사망의 권세를 깨뜨리신 사건 - 에 대한 모두의 반응에서 목격할 수 있다. 이미 예수님은 이 사건과 거기에 담긴 의미를 몇 년 동안 충분히 가르쳐 주셨다. 그런데 마리아는 빈 무덤을 뻔히 눈앞에 두고도 이를 "볼" 수 없었다. 그래서 믿음은 하나님의 초자연적 개입이 없이는 불가능하다.

미국의 유명한 철학자 토머스 네이글(Thomas Nagel)은 오래전에 *The Last Word*(마지막 말)라는 책을 썼다. 주제는 지식을 어떻게 얻는지를 연구하는 인식론이었다. 자칭 세속 무신론자인 그는 신을 믿는 믿음이 오히려 "종교에 대한 두려움" 때문에 사람을 불안하게 한다고 했다. 그러면서 "종교에 대한 두려움이란 특정한 제도 종교나 종교 기관을 향한 전적으로 합리적인 적의를 의미하지 않는다. 그런 적의라면 해당 종교의 논박될 만한 도덕적 교리, 사회적 정책, 정치적 영향력 때문에 합당하다"라고 썼다. 즉 교회가 무엇을 믿고 어떻게 행동하느냐에 따라 사람들이 교회를 싫어할 권리가 얼마든지 있다는 말이다. 그의 말은 이렇게 이어진다. "대신 지금 나는 [우리 안에 있는] 훨씬 깊은 무엇, 즉 종교 자체에 대한 두려움을 말하고 있다. 나 자신도 이 두려움에 깊이 사로잡혀 있기에 경험으로 하는 말이다." 마침내 그가 내놓은 결론은 이렇다.

나는 무신론이 옳았으면 좋겠다. 내가 아는 가장 박식한 지성인들 중 일부가 종교 신자라는 사실이 나를 불편하게 한다. 나는 신을 믿지 않으며, 당연히 내 신념이 옳기를 바란다. 하지만 그것만이 아니다. 나는 신이 없었으면 좋겠다! 신이 있는 게 싫다. 그런 우주는 싫다. 짐작컨대 이런 우주적 권위 문제는 드문 일이 아니다. 신의 존재 여부에 정말 냉담한 사람이 있을지 궁금하다.

신을 믿고 싶을 만한 정서적, 심리적 이유가 존재함은 누구나 아는 바다. 사실 많은 회의론자가 한번쯤 펴는 주장대로라면 모든 사람은 결국 자기가 바라는 대로 신을 믿는다. 그러나 좀처럼 거론되지 않지만, 신을 믿지 않을 엄청난 정서적, 심리적 이유도 우리 모두에게 존재한다. 어떻게 그럴까? 성경이나 복음 메시지를 보면 알 수 있지만 그 내용이 진리라면 자신의 생활 방식에 대한 통제권을 어느 정도 잃어야 한다. 바로 이 명제에 대해 자신이 객관적이고 중립적이라고 말할 수 있는 사람이 누가 있을까? 토머스 네이글(Thomas Nagel)도 이를 솔직히 인정했다. 그는 "나는 신의 증거를 찾는 데 철저히 객관적이고 공평하다. 다만 증거가 부족할 뿐이다"라고 말할 수 없음을 알았다. 정직한 사람이라면 그렇게 말할 수 없을 것이다. 우리는 깊은 편견이 층층이 쌓여 있어, 우리의 전부를 요구하는 거룩한 신이라는 개념에 저항한다. 이 사실을 인정하지 않고는 당신도 객관성에 근접할 수 없다.

만약 당신이 어느 회사 주식을 소유한 판사이다. 그런데 갑자기 그 회사와 관계된 사건을 접했다고 하자. 판결이 주가에 미칠 영향이 크다. 이 사건을 맡겠는가? 당신에게 재판이 배당될까? 그렇지 않다. 판결에 따라 자기 돈이 다 날아갈 줄을 알면서도 당신이 객관적일 수는 없기 때문이다. 그런데 문제가 있다. 기독교의 경우 우리 모두가 바로 그 입장에 있다. 기독교의 주장이 옳은지 그른지 결정해야 할 때 우리는 그른 쪽에 조금 더 기득권을 갖는다. 그런데 기피할 수는 없고 증거를 살필 수만 있다. 지금부터 이 딜레마를 해결할 방도를 제시하고 싶다.

우선 당신의 의심을 의심하라. 회의론을 회의하라. 왜 그것이 필요할까? 완전한 객관성이 당신에게 없음을 인정해야 하기 때문이다. 당신은 부모 중 매우 종교적인 한쪽을 싫어할 수 있다. 표리부동하고 몰지각한 기독교 단체와 악연이 있을 수도 있다. 게다가 앞서 보았듯이 자유를 포기하라는 권유를 편견 없이 선뜻 반길 사람은 거의 없다. 어쩌면 당신은 기독교의 주장이 진리일까 봐 두려움을 느낄 수 있다. 그래도 괜찮다. 모든 사람이 마찬가지다. 자신이 완전히 공정할 수 없음을 인정하지 않는 한 당신은 결코 증거를 공정히 대하지 않을 것이다. 그러면 어떻게 해야 할까?

회의론 쪽으로 속단하지 않도록 속도를 늦출 수 있다. 또 하나 알아야 할 게 있다. 기독교가 진리라면 기독교는 그저 수용해야 할 일련의 이성적 철학적 원리가 아니라 맺어야 할 인격적 관계다. 그러니 기독교가 진리일 수 있는 가능성을 진지하게 고민하며 기도해 보는 것은 어떨까? "하나님, 당신이 계신지는 모르지만 편견이 무엇인지는 압니다. 편견을 의심해 볼 마음이 있습니다. 그러니 제게 당신을 인정하는 것에 편견이 있다면 극복하도록 도와주세요." 어색함과 불편함을 깨고 예수님께 말해 보라. 아무에게도 알릴 필요는 없다. 이조차도 해 볼 마음이 없다면 짐작컨대 당신은 만인의 문제인 편견을 자인할 의향이 없는 것이다.

이와 정반대의 문제를 가진 사람도 많다. 그들은 오히려 자신의 믿음을 지나치게 걱정한다. 내가 사람들에게서 자주 듣는 말이 있다. "나는 그리스도인이 되려는 관심과 의욕은 있는데 동기가 옳지 않은 것 같습니다." "내 믿음이 그리스도인이 되기에 충분한지 잘 모르겠어요." 그들은 생각과 마음부터 바르게 고쳐야 믿을 수 있다고 생각한다. 결국 이들도 자신을 너무 의존하는 오류를 범하는 것이다. 그들은 외부의 도움 즉, 하나님의 개입 없이는 믿음이 불가능하다는 본문의 가르침을 보지 못한다. 예수님이 놀란 마리아를 도우셨듯이 당신에게도 오셔서 도움을 주실 것이다. 그녀는 불안과 공포와 눈물에 잠겨 눈앞의 예수님을 알아보지 못했다. 그래서 그분이 그녀의 잡념을 걷어내시고 마음을 다독여 주신다. 당신도 인격적인 도움이 필요하다. 그러니 예수께 도움을 청하라. 사실 당신이 예수님을 믿어 보려고 고심 중이라면 그분이 이미 당신을 돕고 계신다는 징후일 수 있다. 예수님의 도움 없이 우리는 그분을 참으로 원할 수조차 없다. 예수님이 부재하신다는 느낌이 오히려 그분이 이미 당신의 삶 속에 임재하여 역사하신다는 징후일 수 있다. 마리아처럼 그분이 지금 당신 곁에 계신데 보지 못할 수도 있다.

이렇듯 우리 힘으로는 믿음을 얻는 것이 불가능하다. 그러나 예수님은 "사람으로는 할 수 없으나 하나님으로서는 다 하실 수 있느니라"(마 19:26)라고 말씀하신다.

본문에서 또 하나 볼 수 있는 것은 믿음이 합리적이라는 사실이다. 이런 인식이 중요함은 믿음이 합리적 과정만은 아니며 예수님과의 초자연적이고 인격적인 만남임을 방금 막 보았기 때문이다. 기독교 신앙은 이성을 훌쩍 뛰어넘지만 결코 이성에 못 미치지는 않는다. 증거에 기초한 믿음이라는 뜻이다. 본문의 사건이야말로 성경에 나오는 가장 중요한 증거에 속한다.

부활의
가능성을
보지 못한 이들
———

  마리아와 요한과 베드로는 왜 밤낮없이 무덤 앞에 진을 치지 않았을까? "내가 사흘 만에 다시 살아나리라"라는 예수님의 거듭된 말씀도 그렇지만, 그 숱한 반복에도 불구하고 제자들이 사흘째 날에 무덤 주위에서 간절히 기다리지 않은 일 또한 1세기의 문화와 역사를 모르면 의아해 보일 수 있다. 스승께 뜨겁게 헌신되어 있던 막달라 마리아도 빈 무덤을 보고는 부활의 가능성을 생각하지도 못한 채 급히 떠났다. 왜 그들은 기적을 고대하지 않았을까? 그분의 기적을 볼 만큼 보았으니 이번에 큰 기적을 하나 더 행하시리라고 기대할 만도 하지 않은가?

  부활에 관한 책 중 최소한 지난 1백년 내로는 최고인 N. T. 라이트(N. T. Wright)의 《하나님의 아들의 부활》(*The Resurrection of the Son of God*)을 읽어 보면 알겠지만, 유대인과 헬라인과 로마인은 모두 육체 부활을 불가능한 일로 여겼다. 헬라인은 육체를 포함한 모든 물질을 약함과 악의 근원으로 보고 정신을 강함과 선의 근원으로 보았다

(로마인도 그랬다). 그래서 구원이란 영혼이 육체에서 해방되는 일이었다. 이런 관점에서 몸의 부활은 전혀 바람직한 일이 아니었다. 그런 일을 하려는 신이 누가 있겠는가?

반면에 유대인은 대체로 육체를 그렇게 보지 않았다. 그들은 물질 세계도 하나님의 선한 피조물의 일부로 보았으며, 일부 유대인(전부는 아니다)은 종말에 의인의 일반 부활이 있다고 믿었다. 그러나 역사의 한중간에 신이 한 개인을 죽은 자 가운데서 살리리라고 믿은 사람은 유대인, 헬라인, 로마인을 통틀어 아무도 없었다. 그뿐 아니라 유대인은 인간이 하나님의 아들이 되어 예배를 받을 수 있다고 믿은 민족이 아니었다. 평생 그들은 인간은 하나님이 될 수 없다고 배웠고, 그들이 가진 창조주에 대한 생각은 초월적이었다. 이 모든 요인을 종합하면 1세기의 유대인에게 왜 예수님의 부활이 상상할 수도 없는 개념이었는지 알 수 있다. 그분의 잦은 예고에도 불구하고 부활은 그들에게 이게 너무 터무니없는 일이라서 믿기는 고사하고 바랄 수조차 없었다.

현대의 독자들은 고대인이 아주 미신적이었다고 보는데 이는 대체로 맞는 말이다. 옛날 사람들은 오늘날 우리가 믿지 않는 요술, 기적, 초자연적 존재, 힘 등에 대한 온갖 주장을 믿었다. 그래서 우리는 예수님을 따르던 이들도 그분이 말씀하신 부활을 덥석 믿었을 것이라고 추론한다. 부활을 잔뜩 기대하고 있다가 누구 한 사람에게서라도 부활하신 예수님을 보았다는 주장이 나오기만 하면, 지극히 단편적인 주장일망정 수많은 사람이 이를 쉽게 듣고 즉각 진리로 받아들여 퍼뜨렸을 것이라 믿는다.

　이 이론은 모두 틀렸다. 복음서의 부활 기사를 보면 제자들은 부활을 전혀 기대하지 않았다. 오히려 심히 의심했다. 정말 살아 계신 예수님을 확신하기까지는 눈으로 보고 손으로 만지는 체험이 여러 번 필요했다. 우리도 그들과 같다. 이런 점에서 본문의 내러티브는 우리가 아는 그 시대의 문화에 완벽하게 맞는다. N. T. 라이트가 자세히 설명했듯이 고대 문화는 일반 기적의 가능성에 대해서는 현대인처럼 의심하지 않았으나 부활만은 대다수 현대인과 똑같이 그들에게도 개연성 없고 상상하기 힘든 일이었다.

　이제 당신에게 묻는다. 당신이 전형적 현대인이라면 당신의 세계관은 이렇게 주장할 것이다. 아마 당신은 죽은 육신이 부활하는 일은 불가능하다고 생각할 것이다. 이제 이 사건에 대한 당신의 의심과 추정이 산산이 부서지려면 당신에게 어떤 증거가 필요할지 상상해 보라. 예수 그리스도가 죽은 자 가운데서 부활하신 하나님의 아들이심을 믿으려면 당신에게 어떤 증거가 필요할까? 그 증거가 무엇이든 간에 제자들에게 틀림없이 그런 게 주어졌다는 합리적 결론이 가능하다. 그들을 납득시켜 믿음에 이르게 한 증거라면 당신을 납득시키기에도 충분할 것이다.

　이미 그리스도인의 경우 당신의 믿음을 더 굳건하게 해 주기에도 충분하다. 나도 10년 전쯤 갑상선암에 걸렸을 때 그런 경험을 했다. 지금은 회복되었지만 결말을 모른 채 암 환자로 산다는 것은 커다란 충격적 경험이었다. 일단 암 선고를 받으면 아무리 회복 가능성이 있다 해도 모든 사고가 삶의 의미에 집중된다. 회복 중이던 한 달 동안 나는 아무것도 하지 않고 아무데도 가지 않았다. 사실은 체내의 모든 방사성 요오드 때문에 격리되어 있었다. 그래서 약 30년 만에 처음(이자 어쩌면 마지막)으로 전혀 할 일이 없었다. 그때 나는 병원에 눌러앉아 N. T. 라이트의 890쪽짜리 책을 각주까지 다 읽었다. 놀라운 책이었다. 물론 나는 그전에도 부활을 믿었고 부활에 내 인생과 직업을 걸었다. 예수님의 삶과 죽음과 부활을 늘 염두에 두고 살았다. 그러나 놀랍게도 그 책에 정리된 증거를 통해 내 믿음은 몇 단계 더 상승했다. 전에도 믿었지만 더 확실히 믿게 되었다. 요즘 세상은 믿음이 논리와 증거에 반비례한다고 가르친다. 사실이 확인될수록 믿음의 필요성은 줄어든다는 것이다. 그러나 기독교에서 말하는 믿음은 그런 게 아니다. 믿음이란 사실이 아닌 것을 의지한다는 뜻이 아니라 보이지 않는 것을 확신한다는 뜻이다. 그래서 합리적이고 설득력 있는 증거야말로 그리스도인의 믿음을 한껏 끌어올려 준다.

최초의

목격자는

누구인가?

───

부활 기사가 날조된 게 아니라는 중요한 증거가 본문에 또 하나 있다. 최초의 목격자가 누구인가? 복음서 저자 요한에 따르면 예수 그리스도의 부활을 처음 목격한 사람은 막달라 마리아였다. 성경 전문가와 역사가가 모두 한목소리로 말하듯이 그 시대에 여자는 유대 법정이나 로마 법정에서 증언할 자격이 없었다. 가부장 문화에서 여자의 증언은 신빙성이 없다고 여겨져 증거로 채택되지 않았다. 그러니 자기네 종교나 운동을 선전하려고 부활 기사를 지어낼 사람이라면 여자를 최초의 목격자로 내세울 리 만무하다. 그런데 마태와 마가와 누가와 요한의 기사에 부활의 첫 목격자들은 모두 여자다. 기사에 여자가 등장한다는 자체 - 여자의 증언이 신빙성을 인정받지 못하는데도 남자 기록자들이 여자를 넣은 이유 - 를 역사적으로 개연성 있게 설명할 길은 하나뿐이다. 실제로 있었던 사건이라는 것이다. 마리아는 틀림없이 그 자리에 있었고 틀림없이 가장 먼저 부활하신 예수 그리스도를 만났다. 그렇지 않고서야 저자가 그렇게 말할 다른 동기나 이유가 전혀 없기 때문이다.

이성은 믿음의 중요한 요소다. 본문을 잘 보라. "시몬 베드로는 따라와서 무덤에 들어가 보니 세마포가 놓였고 또 머리를 쌌던 수건은 세마포와 함께 놓이지 않고 딴 곳에 쌌던 대로 놓여 있더라." 여기 '보니'라는 단어의 헬라어 원어 '블레포'(blepo)는 볼 뿐만 아니라 '심사숙고하여 소화한다'는 뜻이다. 무덤에 들어간 베드로는 아마 이런 생각을 했을 것이다. '예수께서 소생하여 일어나셨다면 수의가 다 찢어지거나 헝클어졌을 거야. 친구들이 시신을 가져갔다면 수의를 입힌 채로 모셔 가지 도대체 왜 벌거벗겨 그분의 몸을 욕되게 하는걸까? 반면에 적들이 훔쳐갔다면 도대체 왜 수의를 벗겨 저렇게 가지런히 두고 간 걸까?' 그는 골똘히 생각하며 증거를 찾고 있다. 가능한 가설을 모두 시험해 본다.

물론 믿음은 합리적이기만 하지는 않다. 이성 하나만을 통해서는 진정한 믿음에까지 이를 수 없다. 그럼에도 믿음이란 이성 이하가 아니다. 이성 없이는 진정한 믿음에 이를 수 없다. 왜 그럴까? 성숙한 믿음은 전인적 행위라서 의지와 감정 못지않게 지성도 개입되어야 하기 때문이다. 우리가 살고 있는 이 시대의 사람들이 흔히 하는 말이 있다. "객관적 진리란 없다. 기독교든 다른 신앙이든 믿고 싶다면, 그게 당신에게 맞고 만족스러우면 그만이지 실제로 있었던 사건인지는 걱정할 필요가 없다. 입맛에 맞는 대로 믿으면 된다."

그러나 뜨거운 믿음도 틀렸을 수 있다. 사람들은 자기네 민족이 타민족보다 우월하다며 자기네가 세상을 지배하는 게 최선이라고 진심으로 뜨겁게 믿었다. 그렇다고 그들이 옳았던 것은 아니다. 왜 그럴까? 진리라는 게 있음을 누구나 마음 깊이 알기 때문이다.

어떤 것은 사람들이 옳다고 말해도 틀렸고 어떤 것은 사람들이 틀렸다고 말해도 옳음을 우리는 안다.

그래서 참된 기독교는 결코 "기독교가 당신에게 맞으니 믿으라"거나 "당신의 마음에 와 닿으니 믿으라"고 말하지 않는다. 그런 임시방편은 기독교가 아니다. 기독교는 "기독교를 믿되 재미있고 실용적이고 당신에게 맞아서가 아니라 진리이기 때문에 믿으라. 진리가 아니라면 결국 실용성도 없고 누구에게도 맞지 않는다"라고 말한다. 앞날의 고난과 의문을 헤쳐 나가려면 기독교가 우리에게 맞고 재미있을 뿐 아니라 (그것도 사실이지만!) 또한 진리임을 믿어야만 한다.

요컨대 그리스도를 믿는 믿음은 불가능하고도 합리적이다. 본문에서 배워야 할 게 하나 더 있다. 믿음은 전적인 은혜로 말미암는다. 모든 면에서 믿음은 은혜로 충만하다. 왜 그런지 살펴보자.

마리아는 무덤 밖에 서서 울고 있더니 울면서 구부려 무덤 안을 들여다보니 흰옷 입은 두 천사가 예수의 시체 뉘었던 곳에 하나는 머리 편에 하나는 발 편에 앉았더라 천사들이 이르되 여자여 어찌하여 우느냐 이르되 사람들이 내 주님을 옮겨다가 어디 두었는지 내가 알지 못함이니이다 이 말을 하고 뒤로 돌이켜 예수께서 서 계신 것을 보았으나 예수이신 줄은 알지 못하더라 예수께서 이르시되 여자여 어찌하여 울며 누구를 찾느냐 하시니 마리아는 그가 동산지기인 줄 알고 이르되 주여 당신이 옮겼거든 어디 두었는지 내게 이르소서 그리하면 내가 가져가리이다 예수께서 마리아야 하시거늘 마리아가 돌이켜 히브리말로 랍오니 하니 (이는 선생님이라는 말이라) 예수께서 이르시되 나를 붙들지 말라 내가 아직 아버지께로 올라가지 아니하였노라 너는 내 형제들에게 가서 이르되 내가 내 아버지 곧 너희 아버지 내 하나님 곧 너희 하나님께로 올라간다 하라 하시니 막달라 마리아가 가서 제자들에게 내가 주를 보았다 하고 또 주께서 자기에게 이렇게 말씀하셨다 이르니라(요 20:11-18).

신약성경의 골자를 내러티브 형태로 표현하면 아마 위와 같을 것이다. 우선 이 교류에서 놀랍도록 온유하신 예수님을 볼 수 있다. 구약에도 하나님이 사람들의 중한 잘못이나 고집을 지적하실 때 무섭게 공표하시기보다 부드러운 질문으로 정곡을 찌르실 때가 종종 있다. 에덴동산에서 그분은 불순종한 아담과 하와에게 "네가 어디 있느냐" "누가 너의 벗었음을 네게 알렸느냐"라고 물으신다. 반항하던 선지자 요나에게는 "네가 성내는 것이 옳으냐"라고 물으신다.

상담자들은 어떻게 살라고 일러 주는 것만으로는 답을 주지 못함을 안다. 질문을 던지면 상대가 자신의 잘못을 인식하고 진리를 깨달아 마음으로 받아들이는 데 도움이 된다. 예수님의 질문도 비슷하다. "어찌하여 울며"라는 물음은 사실 마리아를 불러 깨우시는 부드러운 책망이다. "누구를 찾느냐"라는 물음은 주석가 D. A. 카슨 (D. A. Carson)이 이 구절에 대해 썼듯이 "비록 그분께 크게 헌신했을 지라도 여태 자신이 그분을 턱없이 과소평가했음을 깨닫고 지평을 넓히라"는 더 뜨끔한 권유다.[1]

그런데 보다시피 마리아는 예수님의 질문을 오해했다. 그분을 동산 관리인으로 착각하여 그가 예수님의 시신이 어디로 옮겨졌는 지 알 것이라 생각했다. 그러자 예수님은 그녀의 마음속에 뚫고 들어가시기 위한 또 다른 시도로 딱 한 단어를 말씀하신다. 같은 복음서 앞부분에 예수님은 선한 목자이신 자신이 "자기 양의 이름을 각각 불러 … 양들이 그의 음성을 아는 고로 따라오되"(10:3-4)라고 하셨다. 여기서 하신 일도 바로 그것이다. 단순히 "마리아야"라고 부르신 것이다. 진정한 믿음은 언제나 각 개인의 것이다. 당신이 만일 예수께서 인류 전반의 죄를 용서하기 위해 죽으셨다고만 믿고 당신을 위해 죽으셨다고는 믿지 않는다면 이는 믿음으로 그분을 붙드는 게 아니다. 당신을 이름으로 불러 주시는 그분의 음성을 아직 듣지 못한 것이다.

예수님의 인자하심이 피부로 느껴질 정도다. 마리아는 미친 듯이 돌아다니며 (그분이 암시하셨듯이) 엉뚱한 예수님을 찾고 있다. 죽은 예수님, 실제보다 무한히 열등한 예수님을 찾고 있다. 그러니 그분이 그녀를 찾아 주지 않으셨다면 그녀는 결코 그분을 찾지 못했을 것이다. 그분이 그녀에게 다가와 온유하게 마음을 열어 주셨고 이름을 불러 마침내 눈이 뜨이게 하셨다. 그녀의 믿음은 스스로 얻은 것이 아니라 오직 은혜로 주어졌다.

은혜와 믿음의 관계에 대해 우리가 배워할 것은 거기서 그치지 않는다. 예수께서 살아 계심을 마리아가 깨달은 순간 그분은 "너는 내 형제들에게 가서 이르되"라는 메시지를 주어 그녀를 보내신다. 어떤 의미에서 그녀는 최초의 그리스도인이 된다. 왜 그런가? 그리스도인이란 무엇인가? 그리스도인은 예수께서 죽으셨고 죽은 자 가운데서 살아나셨음을 믿는 사람이다. 그리스도인은 부활하신 그리스도를 만난 사람이다. 그 순간 이 요건에 충족되는 사람은 세상에 마리아뿐이었다.

이게 우연일까? 나는 아니라고 본다. 예수님이 다른 사람을 최초의 메신저로 삼으시려면 얼마든지 그렇게 하실 수도 있었다. 그런데 그녀를 택하셨다. 예수 그리스도께서 최초의 그리스도인으로 남자가 아니라 여자를, 공동체의 기둥이 아니라 회복된 정신 질환자를, 지도자급이 아니라 평범한 후원자를 택하셨다는 뜻이다. 이보다 더 분명할 수 있을까? 그분은 이렇게 말씀하신다. "네가 어떤 사람이고 어떻게 살아 왔는지는 중요하지 않으니 나의 구원의 근거는 혈통, 도덕적 성취, 타고난 재능, 노력의 수준, 이력 따위가 아님이라. 나는 강자를 위해 온 것이 아니라 연약한 자를 위해 왔으며, 너희의 구주가 되기 위해 왔노라. 너의 행위로 아니라 내가 이룬 일로 말미암아 너를 구원하러 왔노라." 이 사실을 깨닫는 순간 당신 안의 무언가가 영원히 달라질 것이다. 막달라 마리아의 자리에 대입된 자신을 보는 순간 당신도 이 최초의 그리스도인을 따를 것이다.

본문이 말해 주듯이 은혜는 우리 믿음의 출처일 뿐 아니라 내용이기도 하다. 당신이 만일 예수님은 위대한 스승이며 그분의 윤리 규정대로 사는 사람을 도와주고 기도에 응답하신다고 믿는다면, 당신은 아직 그리스도인이 아니다. 그것은 일반 신념이지 구원의 믿음이 아니기 때문이다. 진정한 기독교 신앙은 예수께서 그분의 죽음과 부활을 통해 우리를 구원하시므로 우리가 순전히 은혜로만 받아들여질 수 있음을 믿는다. 그것이 복음이다. 그리스도께서 이루신 일을 통해 은혜로 구원받는다는 기쁜 소식이다.

마르틴 루터(Martin Luther)는 수사였고 성경 학도이자 스승이었는데도 자신이 회심한 경험을 이렇게 술회했다.

[복음에는] 하나님의 의가 나타나 있다[로마서 1:17]. 나는 '하나님의 의'라는 말이 싫었다. 흠잡을 데 없는 수사로 살면서도 하나님 앞에 양심이 극도로 불안한 죄인으로 느껴졌다. 내가 만족하는 수준에 그분도 만족하실지 자신이 없었다. 점차 알고 보니 하나님의 의란 곧 의인이 하나님의 선물인 믿음으로 살아가는 기준이다. 비로소 내가 완전히 거듭나 열린 문으로 바로 낙원에 들어와 있음을 느꼈다.[2]

루터가 깨달았듯이 구원이란 내 공로를 하나님께 드려서 받아내는 게 아니라 하나님이 그분의 공로로 말미암아 나를 받아 주시는 것이다. 그래서 그는 "그 사실을 깨닫는 순간 내가 거듭나 열린 문으로 낙원에 와 있음을 느꼈다"라고 말했다.

이름이 불리는 순간
깨닫게 되는
정체성

믿음은 하나님의 선물이다. 사고와 증거에 입각하되 하나님의 기적적 개입으로 인해 깨어난다. 믿음의 기초는 예수께서 우리에게 필요한 것을 다 이루셨기에 우리가 하나님의 가족으로 입양되어 받아들여질 수 있음을 철저히 깨닫는 데 있다. 이 모두가 순전히 은혜다. 그렇다면 그게 전부인가? 우리는 그저 이 변화에 만족한 채 눌러앉아 그 사랑을 알고만 있으면 되는가? 아니다. 남은 평생 그 인자한 사랑을 맛보고 경험하며 그로 인해 빚어져야 한다. 본문 끝에 그 경험의 실체가 살짝 암시되어 있다.

예수님은 마리아에게 "나를 붙들지 말라. 내가 아직 아버지께로 올라가지 아니하였노라"라고 말씀하신다. 약간 어리둥절한 대목이다. 그분은 나중에 도마를 만나실 때나 마태복음 끝부분에 여자들을 만나실 때는 자신을 만지게 두신다. 특히 여자들은 그분의 발을 붙잡고 경배했다. 그런데 왜 마리아에게는 이렇게 말씀하실까?

본문에서는 감격에 겨운 그녀가 "주님을 한번은 잃었으나 다시는 놓지 않겠나이다"라고 말하듯 필사적으로 그분께 매달리는 모습이 쉽게 그려진다. 그렇게 보면 예수님의 말씀은 사실상 이런 것이다. "나는 곧 올라갈 터이니 내게 너무 꼭 매달릴 필요가 없느니라." 무슨 뜻일까? 나도 많은 주석가의 말에 동의한다. 그분의 말씀은 "마리아야, 내가 아버지의 오른편으로 올라가거든 너를 버리지 않고 내 영을 보내리니 너는 성령으로 말미암아 밤낮 나의 임재와 평안과 사랑을 알 수 있느니라"라는 뜻이다. 얼마나 놀라운 약속인가! 진정한 믿음은 당신을 그리스도와 연결시켜 주되 죄의 형벌로부터 구원받을 때만이 아니라 그분과 계속되는 사랑의 관계를 갖게 만든다.

마지막으로 본문에서 믿음에 대해 배울 유익한 교훈이 하나 더 있다. 믿음에 이르는 방식은 단 두 사람도 똑같지 않았다. 20장 전체를 읽어 보면 알겠지만 예수님은 요한과 베드로와 마리아와 도마(같은 장 뒷부분에서 그분을 만난다)에게 다 다르게 접근하신다. 그들은 필요한 시간과 증거와 경험의 분량이 서로 달랐다. 궤적과 길도 다 달랐다.

그러므로 당신은 "내 친구가 그리스도를 그렇게 만났으니 나도 똑같이 극적인 경험이 필요하다"라고 말하지 않도록 매우 조심해야 한다. 그 친구 쪽에서도 모든 사람이 자기처럼 믿음에 이르러야 한다고 단정해서는 안 된다. 물론 누구나 자신이 죄인임을 인정하고, 그분이 내 대신 죽으셨음을 믿고, 자신의 선행이 아니라 그분이 다 이루신 일을 의지하고, 그 이루신 일에 감사하여 그분께 삶을 드려야 한다. 그러나 이 믿음에 이르는 경로는 아주 많다.

내게 늘 드는 생각인데 막달라 마리아는 부활하신 그리스도의 입술에서 자신의 이름이 들려오던 순간 애니 딜라드(Annie Dillard)처럼 이런 심정이었을 것이다. "나는 평생 종이었는데 누가 그 종을 들고 울려 줄 때까지는 통 몰랐다."[3]

영원한 삶을 위해
당신의 구주
예수를 만나라

Encounters
with Jesus

"

요즘 세상에 사탄의 존재는
너무 터무니없지
않는가

"

•

The
Great
Enemy

6

궁극의 적

사탄과 맞서심

지금까지 1-5장에서는 요한복음에 기술된 예수님의 생애를 통해 인생의 가장 큰 의문들에 답해 보았다. 예수님과 평범한 사람들의 만남을 살펴보면서 그들의 삶이 예수님을 만나 영원히 달라졌음을 보았다. 그렇다면 오늘 우리는 어떻게 그리스도를 만날 수 있을까? 앞서 살펴 보았듯이 예수님은 그럴싸한 인생 모델이 되기 위해

오신 게 아니다. 중요한 인생 질문의 답안 예시를 주기 위해 오신 것
도 그분의 본분은 아니다. 그분은 그런 질문의 답을 알려 주는 스승
도 아니다. 그분은 구주로 오셨다. 즉 중대한 의문들의 답이시다.
우리 힘으로는 꿈도 꿀 수 없는 일을 그분이 오셔서 대신 해 주셨다.

우리의 삶이 영원히 변화되려면 그분을 구주로 만나야 하고,
그러려면 그분이 우리에게 해 주신 일을 보고 알아야 한다. 예수님
이 어떻게 우리의 구주가 되시는지를 그분 생애에 있었던 핵심 사건
을 보면 알 수 있다. 그래서 나머지 6-10장에서는 복음서에 제시된
예수님의 생애에서 몇 가지 중추적 사건을 살펴보려 한다.

세상을 바꾼
두 사건

왜 내가 예수님의 생애에서 가장 잘 알려진 세 가지 사건 - 출
생과 죽음과 부활 - 을 제외했는지 의아하게 생각할 수 있다. 그 사
건들은 우리에게 익숙하고 대체로 더 분명한 의미가 있기 때문이
다. 예컨대 성육신이 없었다면 예수님은 인간이 되어 우리 죄를 담
당하실 수 없었다. 십자가의 죽음은 죄책과 죄의 해법과 용서를 뜻
한다. 부활은 우리가 결국 죽음을 이기고 그 증거로 새 몸을 받게 됨
을 알려 준다. 그분의 생애에 있었던 이 위대한 기적의 사건들은 당

연히 모두 핵심이며 1-5장에서 각각 어느 정도씩 살펴보았다. 이제부터는 몇 가지 덜 알려진 사건을 통해, 그분이 우리를 구원하고자 행하신 일 속으로 더 깊이 들어가 보려 한다. 그분은 우리를 위해 악을 이기시고(6장), 우리를 위해 중보하시고(7장), 우리를 위해 온전히 순종하시고(8장), 우리를 위해 다스리고자 이 땅을 떠나시며(9장), 우리를 위해 죽으시려고 하늘을 떠나신다(10장).

우선 예수님의 공생애가 어떻게 시작되는지부터 보자. 역사상 세상을 뒤바꾸어 놓기 위해 예수님을 준비시킨 두 사건이 연달아 발생한다. 바로 세례 받으신 일과 곧이어 광야에서 사탄에게 시험받으신 일이다. 마태복음 3장과 4장에 이 둘이 나란히 제시되는데 그만한 이유가 있다.

먼저 마태복음을 보자.

이때에 예수께서 갈릴리로부터 요단강에 이르러 요한에게 세례를 받으려 하시니 요한이 말려 이르되 내가 당신에게서 세례를 받아야 할 터인데 당신이 내게로 오시나이까 예수께서 대답하여 이르시되 이제 허락하라 우리가 이와 같이 하여 모든 의를 이루는 것이 합당하니라 하시니 이에 요한이 허락하는지라. 예수께서 세례를 받으시고 곧 물에서 올라오실새 하늘이 열리고 하나님의 성령이 비둘기같이 내려 자기 위에 임하심을 보시더니 하늘로부터 소리가 있어 말씀하시되 이는 내 사랑하는 아들이요 내 기뻐하는 자라 하시니라 그때에 예수께서 성령에게 이끌리어 마귀에게 시험을 받으러 광야로 가사 사십 일을 밤낮으로 금식하신 후에 주리신지라 시험하는 자가 예수께 나아와서 이르되 네가 만일 하나님의 아들이어든 명하여 이 돌들로 떡덩이가 되게 하라 예수께서 대답하여 이르시되 기록되었으되 사람이 떡으로만 살 것이 아니요 하나님의 입으로부터 나오는 모든 말씀으로 살 것이라 하였느니라 하시니 이에 마귀가 예수를 거룩한 성으로 데려다가 성전 꼭대기에 세우고 이르되 네가 만일 하나님의 아들이어든 뛰어내리라 기록되었으되 그가 너를 위하여 그의 사자들을 명하시리니 그들이 손으로 너를 받들어 발이 돌에 부딪치지 않게 하리로다 하였느니라 예수께서 이르시되 또 기록되었으되 주 너의 하나님을 시험하지 말라 하였느니라 하시니 마귀가 또 그를 데리고 지극히 높은 산으로 가서 천하만국과 그 영광을 보여 이르되 만일 내게 엎드려 경배하면 이 모든 것을 네게 주리라 이에 예수께서 말씀하시되 사탄아 물러가라 기록되었으되 주 너의 하나님께 경배하고 다만 그를 섬기라 하였느니라 이에 마귀는 예수를 떠나고(마 3:13-4:11).

예수님의 생애에서 사복음서에 모두 언급된 사건은 십자가의 죽음을 제외하고는 세례뿐이다. 매우 중요하기 때문일 것이다. 그런데 시험 장면이 자세히 기록된 곳은 마태복음뿐이다. 여기서 중요하게 인식할 점은 세례와 시험이 "그때에"라는 한 단어로 긴밀하게 연결되어 있다는 것이다. 하나님이 "이는 내 사랑하는 아들이요 내 기뻐하는 자라"라고 철석같은 확신의 말씀을 주셨다. 그때에 예수께서는 성령께 이끌려 마귀에게 시험을 받기 위해 사막으로 가셨다. 여기 '그때에'(then)는 '그래서'(therefore)와 같다. 큰 복과 성공 뒤에 시련과 유혹이 찾아왔다.

삶에도 줄곧 성공과 기쁨과 복만 보장될 수는 없다. 아무리 애쓰고 노력하고 여건이 순탄해도 결국 무언가 끼어들어 삶을 망쳐 놓는다. 최고의 재능과 성실함과 기술을 갖춘 사람도 삶의 질곡을 피할 수 없다. 당신은 이렇게 말할지 모른다. "내 몫을 더 잘해서 착하게 살고 하나님께 순종하면 되지 않는가? 모든 고난과 역경에서 보호해 달라고 매일 기도하면 되지 않는가?"

답은 어디 한 번 해 보라는 것이다. 당신이 자신의 흠과 결점을 모두 극복한다고 하자. 온전히 지혜로워져서 하나님의 뜻, 인간의 마음, 때와 시기를 깨달아 매번 현명한 결정을 내린다고 해 보자. 부동의 신앙으로 당신의 삶이 온전히 하나님을 기쁘시게 한다 하자. 그러면 분명히 하나님이 당신을 보호해 주시고 당신의 거룩함과 지혜도 당신을 지켜 주어서 삶이 늘 형통할 것이다. 그렇지 않은가?

꼬일대로

꼬인

인생을 살다

───

여기 실제로 그런 삶을 사는 사람이 있다. 성부 하나님은 예수님의 삶이 하나님을 온전히 기쁘시게 한다고 말씀하신다. 성령 하나님도 예수님 위에 임하여 그분을 인도하셨다. 그분은 하나님의 사랑과 인정과 능력을 받으셨다. 그런데 그때 예수님은 마귀의 손아귀 속으로 이끌리셨다. 요컨대 순서는 다음과 같다. 하나님의 사랑과 능력에 뒤이어 악과 유혹과 광야와 처참한 굶주림과 목마름이 따라온다. '그때에'라는 한마디가 대단한 단어다. 마태는 우리에게 거의 이렇게 말하려는 것 같다. "잘 들으라. 시련과 환난을 면할 사람은 아무도 없다. 오히려 이는 하나님을 지극히 사랑하는 이들에게 흔히 있는 일이다. 우리를 성숙하게 빚으시려는 하나님의 신비롭고 선한 계획의 일부이기 때문이다."

그래서 욥의 친구들은 틀렸다. 기억할지 모르지만 구약성경의 욥기에 나오는 욥은 그 누구보다도 모범적으로 살았지만 삶이 틀어질 대로 틀어졌다. 가족도 잃고 많던 재산도 잃고 건강마저 잃었다. 광야로 내몰린 셈이다. 욥을 위로하기 위해 찾아온 친구들은 상황을 보고는 이렇게 말했다. "보라, 욥이여. 인생이란 결국 자업자득이다. 네가 올바른 삶을 선택했다면 네 인생도 형통했을 것이다. 하나님이 너를 사랑하신다면 이런 일이 벌어지게 두지 않으셨을 것이다. 그분이 너와 너의 선택에 노하셨음이 분명하다."

대다수의 사람들은 이렇게 생각한다. 중산층은 빈민층을 보며 상대가 열심히 일하지 않는다고 단정한다. 건강한 가정은 힘든 역기능 가정을 보며 상대가 신경 써서 도리를 다하지 않았다고 단정한다. 당장 문제가 없으면 우리는 이를 은근히 자신의 공으로 돌리는 경향이 있다. 운이나 은혜가 아니라 자신이 착하고 똑똑하게 살기 때문이라고 생각한다. 정말 그럴까?

마태복음 3장에는 세계 역사상 가장 선하고 완전하게 사셨고 하나님의 전폭적인 사랑을 받으신 유일한 분이 나온다. 그분은 모든 고생과 수고를 면하셔야 했다. 그런데 그분의 삶이 지독히도 꼬였다! 이 사탄의 시험 장면은 개막전인 시작에 불과하다. 앞으로 그분은 거부, 살해 시도, 배반, 빈곤, 비애, 상실을 끝없이 당하다가 결국 고문을 거쳐 목숨을 잃을 것이다. 억울한 재판과 사법 살인을 당하신다. 이 시점부터 예수님의 삶은 틀어질 대로 다 틀어진다.

이는 우리에게 무엇을 말해 주는가? 세상에 존재하는 악의 위력과 복잡성과 난치성을 보여 준다. 세속의 사람들은 세상이 철저히 순전히 물리적 힘으로 구성되어 있다고 본다. 그들에게는 영이나 혼도 없고 귀신이나 천사도 없다. 매사가 자연과학으로 다 설명되기 때문이다. 이런 관점에서 세상의 악(그런 게 존재하기나 한다면)을 퇴치하려면 무지한 이들을 교육하고 사회 제도를 바꾸고 더 나은 심리 치료와 약을 제공하면 된다. 그러나 지난 세기 동안 서구 사상가들은 인간의 마음속과 세상에 존재하는 악의 깊이와 위력에 번번이 충격을 받았다.

컬럼비아대학교 교수 앤드류 델방코(Andrew Delbanco)는 저서 *The Death of Satan: How Americans Have Lost the Sense of Evil*(사탄의 죽음: 어떻게 미국인들은 악에 대해 무감각해졌는가)에서 "우리 문화에는 눈에 보이는 악과 그 악에 대응할 지적인 자원 사이에 거대한 괴리가 생겨났다"라고 썼다.

그 괴리를 성경이 메워 준다. 우리가 개인적으로 경험하고 전체 역사에서 목격하는 모든 일들은 성경으로 설명된다. 성경이 말하는 악은 과학의 단견보다 다차원적이고 복잡 미묘하다. 제도적 불의와 개인적 무지와 생리적 불균형 외에도 세상에는 악한 영적 세력들이 정말 존재하며, 그 모두의 배후에 하나의 초자연적 인격체가 존재한다. 서구 세계는 성경이 말하는 악의 이런 차원을 다분히 배격해 왔거니와 그 결과로 우리도 욥의 친구들처럼 삶 속에 있는 악의 위력을 늘 과소평가하고 때로는 잘못 진단한다. 예컨대 우리가 마음 깊이 고수하는 단순한 논리가 있다. 착하게 살면 삶이 형통할 것이라는 신념이다. 하지만 귀신의 세력은 분명 존재하며 착하고 경건하게 살수록 오히려 그 세력을 자극하여 공격을 유발할 게 당연하다. 본문의 세례와 시험 기사가 보여 주는 게 바로 그것이다.

착하게 살면 삶이 형통한다는 신념은 우리를 향한 하나님의 목적을 이해하는 면에서도 단순한 논리다. 그분은 무한히 지혜로우셔서 처음부터 끝을 내다보시며 우리를 향한 선한 목적을 광야 저편에 숨겨 두셨다.[1] 고난을 인내로 견딘 욥은 지금까지도 수없이 많은 사람을 돕는 귀감이 되었고, 예수님도 이 시험에 통과하여 마침내 역사를 바꾸어 놓고 세상을 구원하셨다. 마찬가지로 하나님의 영이 우리를 광야로 인도하신다면 이는 분명 우리의 유익을 위해서다.

좀처럼 고치기 힘든 세상의 악 앞에서 현대인이 매번 충격에 빠지는 이유는 성경을 '원시적'이라 치부하여 그 안에 기록된 실재에 귀를 기울이지 않기 때문이다. 그렇다면 성경이 말하는 악의 정체를 더 잘 이해한다면 우리에게 어떤 유익이 있을까?

악에
맞서기 위한
세 가지 물음

성경은 우리 삶 속에서 조우하는 초자연적 악을 언급할 때 전투 용어를 쓴다. 즉 공격이 어디서 올지 모르거나 적을 과소평가하거나 잘못 알면 전투에서 패하기 쉽다. 적의 정체와 공격의 출처를 알면 거기에 압도당하지 않고 맞설 수 있을까? 마태복음이 말해 주는 바를 생각해 보자. 본문에 따르면 진짜 악에 맞서려면 세 가지 물음에 답해야 한다. 적은 누구인가? 전선은 어디인가? 이 싸움에서 우리가 가진 최상의 방어는 무엇인가?

첫째, 적은 누구인가? 앞서 말했듯이 성경적 관점의 악은 복잡하고 광범위하다. 악을 개인의 선택, 사회 제도, 심리 문제, 교육 부족 등으로 국한시킬 수 없다. 사실 이 모두를 합해도 악의 세력을 다 짚어낼 수 없다. 희생양을 찾아서도 안 된다. 역사상 엄청난 파멸을 초래해 온 그 관점은 악을 주로 다른 사람들 탓으로 돌린다. 특정한 인종이나 계급이나 국가나 종교나 정치 이념이 다 그에 해당할 수 있다. 성경이 말하는 악은 자연과 초자연, 우리의 안과 밖, 개인과 사회 제도 등에 공존한다. 인간의 힘으로는 악에서 벗어나기는커녕 악의 진상을 규명할 수조차 없다.

역사적으로 성경적 관점에 맞서 악의 본질을 설명하려 한 라이벌은 주로 두 가지다. 한쪽 극단에는 '이원론'(dualism)이 있다. 세상에 선과 악이라는 대등하고도 상반되는 세력이 있다는 것이다. 실재는 근본적으로 이 두 세력의 충돌에 의존해 있으며 종말까지나 어쩌면 영원토록 싸움이 계속된다. 승리가 절대로 불가능하다는 뜻이다. 이 관점대로라면 하나님은 정말 사탄보다 조금도 더 강하지 않다.

어거스틴(Augustine)이 《하나님의 도성》(The City of God)에 지적했듯이 이교 사상은 이원론적이다. 대다수 종류의 이교는 선한 신들과 악한 신들, 선한 세력과 악한 세력이 있다고 말한다. 그래서 세상은 질서와 아름다움과 희망의 터전이 아니라 근본적으로 구제 불능인 폭력의 장이다. 세상에는 힘의 중심이 여럿이고 그들은 서로 영원히 싸운다. 한곳에만 따로 평화와 질서를 이룰 수 있을지는 모르나 결국 그조차도 무언가가 뒤엎는다. 어떤 식으로든 싸움을 종결짓고 영원한 평화를 이룰 가망은 전무하다.

악에 접근하는 다른 하나의 철학은 '일원론'(monoism) 또는 '범신론'(pantheism)이다. 이 관점은 반대쪽 극단에서 모든 실재가 하나라고 주장한다. 만물이 신의 일부이고 신 또한 만물이므로 결국 모든 것은 다른 모든 것과 하나라는 것이다. 이 관점대로라면 개인의 자아는 환영에 불과하다. 우리는 모두 깊이 연결되어 있으되 인간의 공통된 경험을 통해서만이 아니라 결국은 서로 구분되지도 않는다는 주장이다. C. S. 루이스의 《순전한 기독교》(*Mere Christianity*)에 등장하는 범신론자는 암이나 빈민가를 보며 "신적인 관점에서 볼 수만 있다면 이 또한 하나님임을 깨닫게 될 텐데"라고 말한다. 악과 고난은 이원론에서처럼 영원한 난공불락이 아니라 아예 존재하지도 않으며, 따라서 환영이라 할 수 있다.

흥미롭게도 현대 세속 문화는 양쪽 관점을 조금씩 차용하여 악을 일관성 없는 단편적인 것으로 간주한다. 우선 한편으로 세속주의는 고대 다신교와 비슷하여 세상을 하나의 전능하신 예술가의 피조물이 아니라 통제 불능인 폭력적 세력들의 산물로 본다. 즉 물리적 우주는 무한 반복되는 폭발과 연소의 산물이다. 그뿐 아니라 우리 인간도 진화와 적자생존의 산물이다. 이런 세계관이 옳다면 폭력을 해결할 방법이 없다. 인간은 무의미한 폭력적 수단을 통해 지금까지 왔으며 앞으로도 계속 똑같은 방식으로 존재하고 진화할 것이다. 다른 한편으로 많은 세속 사상가는 인간의 악을 나쁜 사회 제도나 망가진 심리 상태의 산물로 본다. 19세기부터 그들이 내놓은 이론에 따르면 연쇄 살인범은 잘못된 양육이나 빈곤이나 기타 박탈의 산물이다. 인간은 본래 악하지 않기 때문에 그렇게 남을 살해하기까지는 무언가 나쁜 일을 겪었을 수밖에 없다는 것이다. 좀 더 근대에 이르면 세속 사상은 상대주의적이 된다. 특정한 문화적 관점에서 악처럼 보이는 일도 다른 관점에서 보면 그렇지 않다. 입장에 따라 테러리스트가 자유의 투사일 수도 있다. 그래서 악은 다 보기 나름이다. 다르게 보면 사라지는 환영일 뿐이다.

앞서 언급한 델방코는 토머스 해리스(Thomas Harris)의 소설 《양들의 침묵》(*The Silence of the Lambs*)을 인용한다. 소름끼치는 살인범 한니발 렉터가 스탈링 수사관에게 말하는 대목이다. 렉터가 자신의 악행을 말하자 그녀가 그를 보며 묻는다. "당신에게 무슨 일이 있었기에 이런 일을 저지를 수 있나요? 누가 당신에게 어쨌기에 이렇게 악해질 수 있지요?" 렉터는 그녀를 빤히 보며 이렇게 답한다.

아무 일도 없었소. 스탈링 수사관. 그냥 내가 한 일이오. 나를 몇 가지 요인으로 축소시킬 생각일랑 마시오. 당신은 선과 악을 버리고 행동주의만 남았소. 모든 사람에게 점잖은 도덕의 옷을 입

했단 말이오. 그러면 매사가 누구의 잘못도 아닌 게 되오. 나를 보시오. 내가 악하다고 차마 말할 수 있겠소?[2]

이어 델방코는 이 대사야말로 현대 비극의 축소판이라고 말한다. 즉 이 살인범의 물음에 답할 수 없다는 인식을 우리 세대가 입증하고 있다. 그의 말마따나 죄와 사탄과 우주적 악이라는 개념을 없애 버리면 모든 악행은 순전히 심리적 또는 사회적 원인에서 비롯될 뿐이다. 그러면 피해자의 고통이 경시되고 사건의 심각성도 축소된다. 한니발 렉터는 스탈링 수사관이 현대 세속 사상의 산물임을 알기에 그녀를 손안에 넣고 주무른다. 그녀의 세계관으로는 답할 재간이 없는 질문을 던진다. 이런 말과 같다. "이제 당신은 내가 절단하여 인육을 먹은 그 가련한 사람들의 모든 유가족에게 내가 어머니 사랑을 받지 못해 그랬노라고 말할 수밖에 없소. 내게는 고사하고 내 어머니에게도 책임을 물을 수밖에 없다는 말이오." 현대 세상이 그의 노리개가 되었다.

J. K. 롤링(J. K. Rowling)의 해리 포터(*Harry Potter book*) 시리즈 제1권에서 어둠의 마왕 볼드모트의 한 꼭두각시가 하는 말이 있다. "볼드모트 주인님이 그러는데 선과 악은 없고 권력만 있답니다."[3] 악의 존재를 부정하는 것보다 더 큰 악은 거의 없다는 작가의 말로 들린다. 사탄이 원하는 게 바로 그것이다.

흥미롭게도 기독교의 관점은 이원론도 아니고 일원론도 아니다. 기독교가 내놓는 설명이 이제 당신에게 이전보다 좀더 개연성 있게 들릴 것이다. 바로 실존하는 마귀다. 귀신의 세력이 정말 존재할진대 세상의 악은 인간의 선택으로만 축소될 수 없다. 내 말을 오해하지는 말라. 인간은 스스로 큰 죄를 저지를 수 있으며, 인간의 악한 선택은 세상에 존재하는 악의 모체에서 중요한 부분을 차지한다.

1970년대에 남부의 소읍으로 이사했을 때 나는 흑인을 일체의 정치경제적 권력에서 배제했던 사회와 기관들의 끝자락을 똑똑히 보았다. 그런 기관의 개개인과 대화해 보면 지독한 고집불통도 많았지만 그냥 무지한 부류가 더 많았다. 알고 보면 대다수의 개인은 딱히 악하지 않았으나 그들로 구성된 제도는 분명히 악했다. 앞서 말했지만 한나 아렌트도 〈더 뉴요커〉(The New Yorker)에 나치당의 죽음의 수용소 지도자였던 아돌프 아이히만의 재판을 보도할 때 그 사실을 보고 '악의 평범성'을 말했다. 제도를 구성한 지극히 평범한 수많은 개인보다 제도가 훨씬 악하고 파괴적이었다. 이렇듯 모종의 세력이 있어 세상의 사회 제도와 심리 구조 속에 벌어지는 나쁜 일을 더 복잡하게 증폭시키고 지속시킨다. 기독교에 따르면 세상에는 잘못된 개별적 선택들의 누적 효과만으로는 설명될 수 없는 악이 존재하며, 그 악의 일부는 실존하는 사탄의 세력 탓이다.

그렇다고 기독교가 이원론은 아니다. 사탄의 세력은 하나님과 대등하지 못하며 마귀는 타락한 천사들을 이끄는 타락한 천사일 뿐이다. 하나님이 무한히 더 강하셔서 결국 그들을 모두 이기실 수 있을 뿐 아니라 실제로 이기신다. 이것이야말로 성경의 지면마다 울려 퍼지는 통쾌한 약속이자 소망이다.

당신은 마귀라는 개념을 순진한 부류에게나 어울리는 원시적인 신념으로 생각할지 모른다. 그러나 내가 역설했듯이 이제도 정중히 말하거니와 마귀의 존재 없이 세상을 설명하려 한다면 당신이야말로 영적, 지적으로 고지식한 사람이다.

이제 더 실제적으로 들어가 보자. 적이 누구인지 알았으니 생각할 질문은 이것이다. 둘째, 전선(The front)은 어디인가? 마귀가 존재한다는 사실 외에 성경이 우리에게 말해 주는 바는 무엇인가? 주요 전선과 공격 지점이 어디인지 말해 준다. 본문에 보면 마귀는 거듭 "네가 만일 하나님의 아들이어든"이라고 말한다. 그게 그의 주된 공격이며 예수님께만 아니라 우리에게도 마찬가지다. 하나님이 방금 막 예수님께 "내 사랑하는 아들"이라고 확언하셨는데도 사탄은 즉각 그 부분을 치고 들어온다. 예수님께 말하기를 하나님이 그분을 사랑하시고 능력을 주신다는 증거를 받아내라고 부추긴 셈이다. 그러나 의심이 없는 한 상대에게 시범과 확답과 증거를 요구할 필요가 없다. 그런데도 사탄의 군사적 주목적은 그것이다. 그는 예수님이 하나님의 전폭적 수용과 무조건적 부성애에 대한 확신을 잃기를 원한다.

그렇다면 그 주요 전선에서 사탄은 우리를 어떻게 공격해 올것인가? 우선 그는 당신으로 하여금 예수님이 정말 하나님의 아들이며 세상의 구주이심을 믿지 못하게 하려 한다. 예수님이 세례 받으실 때 하나님이 하늘에서 어떤 말씀을 하셨는지 잘 보라. 먼저 "이는 내 사랑하는 아들이요"라고 하셨다. 시편 2편을 인용하신 말씀으로, 그 시는 장차 하나님이 보내실 메시아가 왕으로 와서 세상의 모든 반역과 악을 진압하신다는 노래다. 그런데 하나님은 이어 "내 기뻐하는 자라"라고도 하셨다. 고난당하는 종을 기술한 이사야 53장을 인용하신 것으로, 이사야의 말대로 이 신비의 인물은 장차 백성의 허물 때문에 고난당하고 죽으실 것이다. 이는 성경 전체를 이해하는 데 중요한 열쇠이다. 위대한 메시아가 왕으로 와서 세상 만물을 바로잡으시리라는 약속은 (시편 2편에처럼) 구약 전체에 나온다. 그래서 많은 유대인이 그분을 간절히 고대했다. 그런데 이사야의 예언에는 고난당하는 종도 나온다. 유대인에게 주신 말씀대로, 이 종이 거부당하여 "채찍에 맞으므로 우리는 나음을 받"는다(사 53:5). 세례 받으시는 예수님을 하나님이 복 주실 때까지는 아무도 이 두 인물이 사실은 하나임을 몰랐다.

이로써 하나님이 우리에게 깨우쳐 주시려는 게 있다. 예수님은 말과 모범으로 우리에게 어떻게 살아야 하는지를 보여 주신 선한 인간만도 아니고 모든 악을 일망타진하러 오신 하늘의 왕만도 아니다. 앞서 보았듯이 악은 우리 안에 깊이 박혀 있다. 그분이 모든 악을 당장 끝내기 위해 오셨다면 우리까지 끝장내셔야 한다. 반대로 왕이신 그분은 보좌 대신 십자가로 향하신다. 십자가에서 유혹과 시험을 받아 고난당하고 죽으신다. 왜 그러실까? 그래야 우리가 하나님의 사랑을 선물로 받을 수 있기 때문이다. "주 사랑 율법을 이루시니 용서받고 보좌 앞에 서네"라는 찬송가 가사처럼 말이다. [4]

그래서 그리스도가 이루어 주신 일을 의지하면 우리는 은혜로 하나님의 가정에 입양된다(요 1:12). 우리도 하나님의 사랑받는 자녀요 그리스도 안에서 그분이 기뻐하시는 자임을 알 수 있다는 뜻이다. 이 확신이야말로 가장 깊고 생명력 있는 기쁨의 근원이다.

한편으로 이제 우리는 아버지가 기뻐하지 않으시는 모든 죄에서 돌이키고 싶어진다. 더는 벌이 두렵거나 자신을 입증해야 하기 때문이 아니다. 그런 동기는 진이 빠질 뿐 아니라 마음이 편협하고 독선적이고 완고해지게 만든다. 반대로 우리는 자신을 구원해 주신 분을 닮고 즐거워하고 섬기려는 순전한 열망으로 삶을 바꿀 것이다. 감사와 기쁨으로 행하기 때문에 효과도 새롭다. 또 한편으로 우리를 괴롭히던 두려움과 염려와 정서적 불안감이 점차 사라진다. 노력의 성패 때문에 우쭐하거나 절망할 일이 없다. 우리는 외모나 지위로 인해 불행에 끌려 다니지 않으며, 이전처럼 남의 비판에 위축되지도 않는다. 우리의 자아상은 잃을 수 없는 사랑에 기초한다.

사탄이 왜 이것을 공격의 주요 전선으로 삼는지 알겠는가? 그는 무슨 수를 써서라도 사람들을 막아 이런 능력을 얻지 못하게 하려 한다. 기독교를 믿지 않는 이들에게는 예수님의 참 정체를 계속 보지 못하게 막는다. 그분을 특별히 좋은 사람으로만 믿게 한다. 기독교를 믿는다고 생각하지만 구원이 그리스도를 통한 값없는 선물임을 모르는 경우에는 사탄이 계속 그들을 복음 자체에 무지한 상태로 둔다. 우리의 도덕적 노력이 아니라 오직 그리스도를 믿음으로 말미암아 의롭게 된다 - 하나님과의 관계가 바르게 된다 - 는 사실을 헷갈리게 만드는 것이다.

자신이 사랑받는 자녀로 입양되었음을 원칙적으로 아는 경우에는 사탄이 우리를 도덕적 행위와 선과 노력에 기초한 자아상으로 되돌아가게 하려 한다. 몇 년 전에 나와 대화했던 한 전직 사역자가 좋은 예이다. 그의 설교는 누가 들어도 정통 기독교였지만 그의 마음 깊은 곳은 이미 사탄이 무너뜨렸다. 머리와 입으로는 "예수께서 은혜로 우리를 구원하십니다"라고 말했지만 그의 마음을 지배한 내러티브는 전혀 달랐다. 심중의 언어를 들을 수 있다면 이런 말이었을 것이다. "선하고 합당한 사람이 되는 확실한 길은 사역자가 되는 것이다. 이보다 나은 사람은 없다. 사역자는 남에게 진리를 말해 주고 어려운 사람을 돕는다. 인생의 새 출발을 돕는 사람이다." 다시 말해서 그는 머리로만 예수님이 구주라고 말했을 뿐 스스로 구주가 되려 했다.

그 결과 그는 교회가 성장하고 사역이 순탄하고 자신의 설교가 인기 있을 때는 점차 우월감에 빠져 확연히 도도하고 거만했다. 설교에 독설이 늘었고 사람을 대할 때도 더 고압적으로 비판을 일삼았다. 그러다 핵심 가정들과 몇 차례 충돌을 일으켜 그들이 교회를 떠났다. 그는 교세가 기울기 시작하자 감당할 수 없었다. 사람을 잃은 정도가 아니라 자신의 정체감마저 잃어 갔다. 그는 고통을 달래기 위해 술에 손을 댔고 칭찬을 받고 싶은 욕구를 채워 주는 여자와 부적절한 관계를 가졌다. 결국 부부관계도 사역도 파경을 맞았다.

어찌된 일일까? 사탄이 이겼다. 우리 마음의 정체감을 엔진에 비한다면, 그 동력원으로 고효율의 청정 연료도 있고 엔진을 오염시켜 망가뜨리는 연료도 있다. 더러운 연료는 두려움, 자신을 입증하려는 욕구, 남에게 꼭 필요한 존재가 되려는 욕구, 자신을 무절제하게 다 표현하려는 욕구 등이다. 이런 많은 연료가 한동안 우리 삶을 끌고나갈 수는 있다. 그러나 탈진과 실망으로 끝나지 않을 깨끗한 연료는 하나뿐이다. 곧 당신을 향한 하나님의 사랑뿐이다. 다른 연료는 다 악마로 변한다. 당신을 압제하거나 기껏해야 그냥 실망시킨다. 그런 연료로 삶을 주행할 때마다 당신은 사탄의 손에 놀아날 것이다. 사탄이 질색하는 한 가지는 "이는 내 사랑하는 아들이요"라는 하나님의 말씀이 당신의 삶과 마음이라는 엔진의 동력이 되는 것이다.

19세기 말 영국 리버풀의 성공회 주교였던 J. C. 라일(J. C. Ryle)은 《거룩》(*Aspects of Holiness*)에서 '확신'에 대해 이야기했다. 위와 같은 효과를 아주 감동적으로 담아냈다.

확신은 하나님의 자녀를 해방시키는 데 큰 역할을 한다. … 확신에 힘입어 그는 인생의 대업이 정산되었고, 큰 빚이 지불되었고, 중병이 치유되었고, 큰 일이 다 이루어졌음을 느낀다. 다른 사업과 병과 빚과 일은 이에 비하면 다 미약하다. 그래서 확신 덕분에 그는 환난 중에 인내하고, 사별하고도 평온하고, 슬픔에 요동하지 않고, 흉보를 두려워하지 않는다. 어떤 형편에도 자족함은 마음이 한결같기 때문이다. 확신은 쓴 잔을 달게 하고, 십자가의 짐을 덜어 주고, 험지를 수월하게 다니게 하고, 사망의 음침한 골짜기에 빛을 비추어 준다. 확신 덕분에 그는 발밑이 견고하고 손이 든든함을 늘 느낀다. 확실한 길동무요 마침내 확실한 집이다. … 병자 심방 예배에 쓰는 기도서에 이런 아름다운 표현이 나온다. "전능하신 주여, 주님은 주님을 의지하는 모든 이에게 지극히 강한 산성이시오니 이제부터 영원까지 이 환자를 지켜 주소서. 건강과 구원을 주실 분이 하늘 아래 다른 이름은 없고 오직 우리 주예수 그리스도의 이름뿐임을 그가 알고 느끼게 하소서."[5]

셋째, 이 싸움에서 우리가 취할 수 있는 최상의 방어는 무엇인가? 본문에서 배울 수 있는 교훈을 살펴보자. 우선 보다시피 예수님은 사탄을 상대하실 때 미신적이거나 마술과 같은 방법을 사용하지 않으셨다. 자신의 영광으로 사탄을 날려 버리지 않으신다. 그렇다고 명령 한마디로 다스려야 할 귀신들림 현상이 없다는 말이 아니다. 복음서에는 예수님이 그렇게 대처하신 사례들도 분명히 나온다. 그러나 대체로 사탄은 눈에 보이는 살점에 이빨 자국을 내는 게 아니라 우리 마음속에 거짓을 심어 공격한다. 사탄이 아담과 하와를 유혹했던 에덴동산의 기사가 좋은 예일 것이다. 사탄은 온갖 특수 효과를 사용하지 않았다. 사탄이 아담과 하와의 마음속에 제시한 거짓된 생각은 하나님의 말씀에 어긋났고 그분의 성품을 공격했고 그분과의 신뢰 관계를 망가뜨렸다. 우리에게도 다를 바 없다. 사탄은 우리에게도 같은 방법을 사용한다. 최상의 방어는 주문을 외우는 것이 아닌 진리를 되새기는 것이다.

예수께서 성경을 활용하시는 방식을 잘 보라. 예수님의 방법이야말로 본문의 가장 명백한 메시지 중 하나다. 예수님은 마귀에게 공격당하실 때 성경을 활용하셨다. 물론 이 전략은 앞서 말했던 전투 전선에 꼭 들어맞는다. 사탄은 진리를 깨닫지 못하게 막기도 하지만 더 나아가 우리 마음속 믿음까지 허문다. 성경에 따르면 마음은 감정의 자리만이 아니라 근본적 헌신과 희망과 신뢰의 원천이기도 하다. 마음에서 사고와 감정과 행동이 흘러나온다. 마음이 신뢰하는 것을 사고는 정당화하고 감정은 갈망하고 의지는 수행한다. 당신이 사랑과 은혜의 하나님께 머리로 동의하는 것까지는 사탄도 개의치 않는다. 그러나 스스로 무엇을 해야만 합당하고 사랑스럽고 소중한 사람이 될 수 있다고 당신으로 하여금 믿게 만들 수만 있다면 사탄은 만족한다.

그래서 하나님의 약속과 계시를 교묘히 또는 대놓고 부인하는 사탄의 모든 말에 예수님은 신명기 8장 3절, 6장 16절, 6장 13절을 차례로 인용하여 대응하신다. 심지어 십자가에서 죽음을 맞이하던 가장 깊은 고뇌의 순간에도 그분은 시편 22편 1절을 인용하셨다. "내 하나님이여, 내 하나님이여, 어찌 나를 버리셨나이까."

고통이나 충격의 순간에 머릿속에서 입 밖으로 나오는 말이야 말로 존재의 진짜 모습이다. 예수님은 그 순간에 성경을 말씀하신 다. 성경에 기록된 그분의 모든 발언 중 10퍼센트는 구약의 인용이 나 암시다. 만약 당신이 성경을 그 정도로 잘 안다면 모든 생각과 감 정을 성경의 계시 회로를 통해 처리할 것이다. 하나님의 확언과 명 령과 약속과 계시가 당신 안에 그 정도로 깊이 박혀 있으면 사탄이 틈타 당신의 구원 확신을 방해하기가 어렵다. 사탄의 공격이 최고 조에 달할 전선에서 당신은 오히려 견고한 성과 같을 것이다.

싸움을
통과할 방법이
있다

이제 당신에게 묻겠다. 하나님의 아들 예수님도 머릿속과 마음 속의 해박한 성경 지식 없이는 세상의 악한 세력에 감히 맞서지 않 으셨다. 그렇다면 어찌 우리라고 다른 방식으로 삶과 대면하겠는가? 물론 이는 많은 시간과 노력이 필요한 일이다. 성경을 충분히 알려면 예배, 매일의 성경 읽기, 묵상과 암송, 찬송, 설교나 강의 듣기 등이 필요하다. 그러다 사탄의 공격을 만날 때 - 유혹 때문에 죄를 짓거나 낙심하거나 그냥 다 포기하고 싶어질 때면 - 성경의 말씀을 우리의 중심에 두고 굳게 붙들어야 한다. 즉, "그리스도의 말씀이 너희 속에 풍성히 거하"게 해야 한다(골 3:16). 마치 진짜 싸움처럼 느껴질 것이다. J. C. 라일은 이렇게 썼다.

> 참된 기독교는 싸움이다. … 세상에는 참된 기독교 신앙이 아닌 많은 것들이 종교라는 이름으로 통용되고 있다. 검열도 통과하고 무뎌진 양심을 달래 주지만 진품은 아니다. 수많은 사람들이 매 주일 교회에 가서 예배를 드리고 스스로를 그리스도인이라 부른다. … 하지만 그들의 신앙에는 어떤 '싸움'도 없다. 그들은 영적 분투, 노력, 갈등, 자기부인, 깨어 있음, 긴장 같은 것을 전혀 알지 못한다. [6]

시험과 세례를 부디 따로 떼어 놓지 말라. 사탄이 예수님을 시험하기 위해 온 것은 그분이 하나님께 사명을 위임받고 능력을 입으셨기 때문이다. 곧 그분은 본격적으로 사람들을 가르치고 치유하고 영적 굴레에서 해방시키시는 사역을 시작하실 것이다. 마찬가지로 우리도 심중에서만 사탄과 싸우는 게 아니라 바깥세상에서까지 싸운다. 다른 사람이 그리스도를 믿도록 돕거나 혹은 긍휼과 섬김의 행위로 가난한 이웃을 사랑할 때 우리는 그 지점에서 사탄과 싸우는 것이다. C. S. 루이스는 고난은 환영에 불과하다는 범신론자의 신념을 지적하면서 그리스도인은 악에 소극적인 자세를 가질 수 없다고 주장했다.

> 범신론자는 암이나 빈민가를 보며 "당신이 현재를 신의 관점에서 볼 수만 있다면 이 또한 신임을 깨달을 것이오"라고 말한다. 이에 그리스도인은 "형편 없는 소리는 하지도 마시오"라고 응수한다. 기독교는 전투하는 종교이기 때문이다. 기독교는 하나님이 세상을 창조하셨다고 믿는다. 공간과 시간, 더위와 추위, 모든 색깔과 맛, 모든 동물과 식물이 그분의 머리로 지어졌다. 사람이 이야기를 꾸며내듯 말이다. 그런데 기독교에 따르면 하나님이 지으신 세상의 수많은 부분이 잘못되었다. 하나님은 우리가 그것을 바로잡아야 한다고 힘주어 말씀하신다.[7]

이 영적 전쟁을 위한 자원이 하나 더 있다. 바로 본문의 주인공이신 예수님이다. 히브리서 4장 14절에 보면 예수님은 우리의 위대한 대제사장이시다. 제사장들이 조언자이며 치유자였듯이 예수님도 능히 "우리의 연약함을 동정"하시며 "긍휼하심[과] 때를 따라 돕는 은혜"를 베푸신다(16절). 왜 그럴까? 그분은 "모든 일에 우리와 똑같이 시험을 받으신 이로되 죄는 없으시"기 때문이다(15절). 그분은 인간으로서 모든 것을 겪어 보셨기에 곁에서 우리를 도와 안팎의 악의 현실에 직면하여 싸우도록 도우신다. 그러므로 우리는 마음속에서 사탄의 거짓말과 싸우고 세상에서 사탄의 활동과 싸울 때 주님의 말씀뿐만 아니라 말씀의 주님께도 의지해야 한다. 우리에게는 완벽한 성경만 주어진 것이 아니다. 예수님께서 우리와 함께하신다. 그분은 우리가 상상할 수도 없는 치열한 불 같은 시험을 통과하셨다. 우리의 구원을 위해 행하신 일이었다. 깊은 공감과 애정 어린 능력으로 무장했으니 이제 우리도 예수님 곁에서 이 모든 것을 헤쳐 나갈 수 있다.

"

교양 있고
괜찮은 사람인 나에게
굳이 대언자가 필요한가

"

●

The
Two
Advocates

7
두 분의 대언자

성령을 보내심

예수님과 제자들의 마지막 밤이라면, 우리는 흔히 다락방에서 유월절을 지낸 최후의 만찬을 생각한다. 마태와 마가와 누가는 만찬에 대해 말하는 반면에 요한복음에는 빵을 떼거나 포도주를 마신 일에 대한 언급이 없다. 식사는 아예 기록되지 않았다. 그러나 그날 밤에 있었던 일을 우리에게 누구보다도 자세히 알려 주는 사람은 요한이다. 그는 예수님의 고별 설교라고 불리는 세 장의 설교와 그 뒤를 잇는 한 장 분량의 장엄한 기도를 기록했다. 죽음을 목전에 둔 사람은 이야기를 빙빙 돌리지 않고 가장 절박한 생각과 듣는 이에게 가장 중요한 내용을 말하는 법이다. 그래서 우리도 본문에 나오는 예수님의 설교 중심 주제에 십분 중시해야 한다. 그분이 다루신 여러 주제 중 가장 두드러져 보이는 게 하나 있다. 죽음을 눈앞에 두신 그분의 마음을 무겁게 하는 것은 무엇일까?

하나님의
영

지난 3년 동안 사도들은 예수 그리스도를 직접 대면하며 생활했다. 예수님과 함께 살고 일하고 대화하고 기도했다. 그런데 이제 그분이 "작은 자들아, 내가 아직 잠시 너희와 함께 있겠노라. … 너희는 내가 가는 곳에 올 수 없다"(요 13:33)라고 말씀하신다. 이에 그들은 불안을 표출했다. 베드로는 예수님이 어디로 가시든 자기도 목숨을 버리기까지 따라가겠다고 단언한다(13:37). 도마는 보다 더 신중하지만 혼란스럽기는 마찬가지여서, 무슨 말씀이신지 모르겠고 그분이 정확히 어디로 가시는지 모르지만 자기들이 어떻게 따라갈 수 있느냐고 반문한다(14:5). "아버지 집"으로 가신다는 예수님의 말씀(14:2-3)에 빌립은 "아버지를 우리에게 보여 주옵소서"(14:8)라고 말한다.

그들과 함께해 온 예수님의 삶과 사역을 자세히 살펴보았다면 알겠지만 이들의 반응은 전부 무지하기 짝이 없다. 베드로는 자신을 전혀 몰랐다. 예수님은 그에게 "네가 나를 위하여 네 목숨을 버리겠느냐"(13:38)라고 되물으신다. 더욱이 예수님은 자신이 사람들의 죄를 위해 죽으실 것을 거듭 가르치셨는데도 그들은 전혀 알아듣지 못했다. 그래서 그분은 "내가 이렇게 오래 너희와 함께 있으되 네가 나를 알지 못하느냐"(14:9)라고 애처롭게 물으신다. 비참한 사실을 들추어내는 뼈아픈 질문이다.

지금껏 내내 제자들에게 관심을 쏟으셨건만 예수님의 입에서 "너희는 정말 나를 모르는구나. 나를 인격적으로 깊이 만나야 하는데 정말 그러지 못했구나"라는 말씀이 나왔다. 사도들은 자신의 마음을 잘 몰랐고 예수님의 마음과 목적은 더 몰랐다.

상황은 어둡고 답답할 뿐이었다. 그들은 예수님의 메시지를 세상에 전하도록 그분이 손수 뽑으신 주역들이다. 그런 그들이 예수님을 제대로 알지 못했다. 다음날이면 그분은 죽으실 것이다! 그뿐아니라 예수님은 십자가 사건 이후로 그들에게 많은 박해와 훼방이 닥칠 것을 아셨다. 이런 그들이 예수님을 이해하고 그분의 메시지를 이어간다는 희망이 있을까? 다행히 희망은 있다. 예수께서 그것을 처음에는 수수께끼처럼 공개하신다. 그분의 말씀이다.

내가 아버지께 구하겠으니 그가 또 다른 보혜사를 너희에게 주사 영원토록 너희와 함께 있게 하리니 그는 진리의 영이라 세상은 능히 그를 받지 못하나니 이는 그를 보지도 못하고 알지도 못함이라 그러나 너희는 그를 아나니 그는 너희와 함께 거하심이요 또 너희 속에 계시겠음이라 내가 너희를 고아와 같이 버려두지 아니하고 너희에게로 오리라 조금 있으면 세상은 다시 나를 보지 못할 것이로되 너희는 나를 보리니 이는 내가 살아 있고 너희도 살아 있겠음이라 그날에는 내가 아버지 안에 너희가 내 안에 내가 너희 안에 있는 것을 너희가 알리라 내가 아직 너희와 함께 있어서 이 말을 너희에게 하였거니와 보혜사 곧 아버지께서 내 이름으로 보내실 성령 그가 너희에게 모든 것을 가르치고 내가 너희에게 말한 모든 것을 생각나게 하리라 평안을 너희에게 끼치노니 곧 나의 평안을 너희에게 주노라 내가 너희에게 주는 것은 세상이 주는 것과 같지 아니하니라 너희는 마음에 근심하지도 말고 두려워하지도 말라 (요14:16-20, 25-27).

예수께서는 몇 가지 놀라운 말씀을 하신다. 제자들에게 하나님의 영에 대해 가르치시는데, 구약을 읽어 본 사람은 다 알겠지만 하나님의 영은 아버지께로부터 나와서 세상에 운행하는 힘이다. 그런데 예수님이 성령에 대해 말씀하신 방식은 그들에게 비범하게 다가왔을 것이다.

예수님은 성령이 단지 힘이 아니라 인격체라고 말씀하신다. 헬라어에는 명사마다 남성이나 여성이나 중성의 성이 부여되는데 '영'에 해당하는 단어는 중성이다. 그런데 예수님은 성령을 매번 '그'로 지칭하여 성령이 막연한 신적 에너지가 아님을 보이신다. 예수님은 자신이 떠나신 후에 - 죽으신 후에 - 아버지께서 한 인격체를 대신 보내신다고 말씀하신다.

또 예수님은 자신이 떠나셔야 이 인격체가 오신다고 말씀하신다. "내가 떠나가지 아니하면 보혜사가 너희에게로 오시지 아니할 것이요 가면 내가 그를 너희에게로 보내리니"(요 16:7). 그런데 다른 한편으로 "내가 너희에게로 오리라"(14:18)라고도 말씀하신다. 바로 이 인격체를 통해 제자들은 앞으로도 예수님을 '볼' 수 있으나, 그분이 몸으로 계시지 않기에 세상은 그분을 볼 수 없다. 어떤 의미에서 그분은 가시지만 다른 의미에서는 아버지께서 보내실 이 인격의 매개로 말미암아 변함없이 임재하신다.

성령의
여러 이름

그렇다면 이 인격적 존재는 누구인가? 예수님은 "또 다른 보혜사"라고 부르신다. 이 명칭은 모든 역본마다 다르다. 옛 흠정역(KJV)

의 '위로자'(Comforter)를 비롯하여 '조력자'(Helper)나 '상담자'(Counselor)로 옮긴 역본도 있다. 번역이 차이가 나는 이유는 원어의 뜻이 너무 미묘하고 풍부하여 역어의 한 단어로는 의미가 충분히 전달될 수 없기 때문이다. '위로자'는 손만 잡아 주는 사람, '상담자'는 들어 주기만 하는 사람, '조력자'는 아이나 비교적 서투른 조수를 각각 연상시킬 수 있다. NIV에서 '대언자'(Advocate)라는 단어가 쓰였는데 아마 그런 이유도 있을 것이다. '대언자'는 법률 용어로서 때로 법정에서 남을 대변하는 변호사를 가리킨다. 풍부한 원어의 여러 다른 면을 잘 살린 역어다. 그 원어는 '파라클레테'(paraklete)라는 명사다. 동사형은 '파라칼레오'(parakaleo)인데 '칼레오'(kaleo)는 사람을 부르거나 명한다는 뜻이고 '파라'(para)는 곁에 온다는 뜻이다. 이 접두사는 법률가 보조원(paralegal)이나 구급 의료대원(paramedic)처럼 영어에서도 대개 같은 의미로 쓰인다. 즉 도와주기 위해 곁에 온다는 뜻이다.

합성어 파라칼레오에서 약간의 긴장을 느낄 수 있다. 사람을 부르는 데는 힘이 수반된다. 수동적이지 않고 능동적인 일이다. 당신은 다른 사람에게 진리나 목표를 가리켜 보인다. 단지 말하거나 묻는 게 아니라 목적을 향해 몰아세운다. 반면에 곁에 온다는 말은 공감하고 관계를 맺고 상대의 입장에 선다는 뜻이다. 그래서 파라칼레오는 선지자의 도전과 제사장적 도움이 결합된 단어다.

특수한 의미에서 '상담자'라는 번역도 그다지 나쁘지 않다. 우리는 보통 상담자를 떠올리면 치료를 목적으로 한 상담자 곧, 정신과 의사를 생각하기 쉽다. 그러나 '법률 상담자'(a counselor at law) 즉 변호사로 생각하면 의미가 더 잘 살아난다. 변호사는 당연히 당신 편에서 공감하지만 당신을 위로하기 위해서만은 아니다. 사실 변호사가 당신에게 힘들고 까다로운 주문을 할 수 있다. 또 변호사는 당신에게 말할 뿐 아니라 관련 당국을 상대로 당신을 대언한다. 이런 이유로 성령을 대언자로 칭하는 번역도 방향을 잘 잡은 것이다.

이처럼 하나님의 영을 정의하기 위해서 예수님이 사용하신 묘사는 다양하다. 그런데 예수님이 성령을 또 다른 보혜사 혹은 대언자로 칭하신 것에 주목해야 한다. 그러면 첫 대언자는 누구인가? 신약에서 이 본문 외에 파라클레테라는 단어가 쓰인 곳은 요한일서 2장 1-2절뿐이다. "만일 누가 죄를 범하여도 아버지 앞에서 우리에게 대언자[파라클레테]가 있으니 곧 의로우신 예수 그리스도시라. 그는 우리 죄를 위한 화목 제물이니." 즉 예수님이 첫 대언자이시고 성령이 두번째이다.

대언자나 상담자라는 단어는 예수님이 십자가에서 이루신 일만 아니라 성령님이 우리 마음속에서 행하시는 일을 이해하는 열쇠가 된다. 사실 단언컨대 예수님이 첫 대언자이셨음을 모른다면 두번째 대언자이신 성령의 사역을 이해할 수 없다. 십자가에 달리기 전날 밤 다락방에서 예수님이 보신 문제가 있었다. 3년이나 예수님과 함께하고 배운 사람들이 여전히 그분의 일을 이해하지 못했고 그분을 깊이 알지 못했다는 점이다. 이 문제의 해법이 바로 성령이다.

지금부터 이 단어가 말해 주는 예수님의 사역과 성령의 사역을 차례로 살펴보자.

심판대 앞에
서다

예수님이 십자가에서 이루신 일은 무엇인가? 당신은 "그거야 쉽지. 예수님은 우리 죄를 위해 죽으셨고 우리는 용서받을 수 있었어"라고 말할지 모른다. 하지만 그분은 다락방에서 자신을 우리의 대언자라 칭하심으로써 자신의 죽음이 그보다 더 근본적인 행위임을 보이셨다. 먼저, 그 단어에는 어딘가에 정의의 법정이 있음이 암시되어 있다. 우리가 서게 될 법정은 우주적이고 또 신적인 곳이다. 그러면 이렇게 말할 사람이 있다. "나는 교양 있는 사람이라 신의 심판 같은 개념에 회의적이야." 잠시 후에 근거를 보겠지만 신의 심판이 정말 존재함을 당신도 마음 깊이 알 것이다.

모든 문학 작품을 통틀어 가장 섬뜩한 장면 중 하나는 아서 밀러(Arthur Miller)의 《세일즈맨의 죽음》(*Death of a Salesman*)에 나온다. 윌리 로먼은 패배 의식에 젖어 있는 출장 세일즈맨으로 자기연민에 빠져 출장 중에 늘 외도를 일삼는다. 그러면서 여느 남자들처럼 "내 인생이 고달프니까"라든지 "외도에 아무런 의미도 없다"라는 식으로 합리화한다.

그에게 유일한 삶의 위안은 아들 비프가 그를 우상처럼 떠받드는 것이다. 그런데 어느 날 아들 비프에게 외도를 들킨다. 못내 괴로운 장면이다. 처음에 윌리는 허풍을 떨며 "비프야, 너도 어른이 되면 이런 일들을 다 알게 된다"라고 말한다. 그래도 비프가 빤히 쳐다보고만 있자 윌리는 아들에게 다 잊어버리라며 "명령이야!"라고 윽박지른다. 끝내 비프가 그를 "거짓말쟁이"요 "엉터리 사기꾼"이라 부르며 달아나자 윌리의 무릎이 꺾인다. 그의 영혼은 합리화가 벗겨지고 벌거숭이의 모습이 된다. 나는 이 장면을 읽으면 덜덜 떨리곤한다. 마침내 상황을 파악한 아들의 순진무구한 눈앞에 그의 변명은 다 녹아내린다. 윌리는 둘러대 보지만 그의 냉소와 자기기만과 거짓 정당화는 사라지고 아들의 정직한 눈앞에 영혼의 속살만 남은 채 멍하니 앉아 있다.

바울이 로마서 2장에 지적했듯이 모든 인간은 신의 눈이 어디선가 우리를 그렇게 주시하고 있음을 마음 깊이 안다(알면서도 억압할 뿐이다). 그 눈은 비프보다 무한히 더 예리하고 공정하고 정직해서 그 앞에 서면 우리의 변명은 다 소멸해 버린다. 물론 이렇게 말하는 사람도 많다. "나는 신의 정의는 믿지 않아. 옳고 그름은 사람과 문화마다 상대적이기 때문이지."

하지만 바로 다음 순간에 당신은 마치 정의가 존재한다는 듯이 행동하지 않는가? 누가 당신을 함부로 대하면 설령 그게 불법 행위가 아니어도 상대의 신념과 무관하게 그냥 잘못으로 느끼지는 않는가? '내 도덕 감정으로는 잘못이지만 상대의 기준으로는 잘못이 아닐 수도 있다'라고 생각하는가? 그렇지 않다. 문화나 가족이나 감정이 괜찮다고 해도 잘못이 존재함을 당신은 본능적으로 안다. 상대에게는 자연스럽게 느껴질지라도 이치에 어긋남을 우리는 안다. 자연스러우면서 잘못일 수 있으려면 '초자연적' 판단 기준이 존재해야만 한다. 여기 피할 수 없는 사실이 있다. 어딘가에 우리를 주관할 정의의 법정이 존재함을 우리는 안다.

성경이 그렇게 가르친다. 우리는 다 심판대 앞에 서 있다. 모든 인간에게 적용되는 삶의 기준이 존재한다는 것이다. 거기서 딜레마가 생겨난다. 만일 성경이 틀려서 신도 없고 정의의 법정도 없이 폭력과 불의가 당연한 것이라면 이 세상에는 무슨 희망이 있을 수 있을까? 반대로 정의의 법정이 존재한다면 당신과 내게 무슨 희망이 있을까? 우리는 하나님의 기준은 고사하고 자신의 도덕 기준에조차 부합하게 살지 못한다. 남에게 대접받고자 하는 대로 남을 대접하라는 황금률을 보라. 만인이 수긍하는 원리지만 실제로 지키는 사람이 누가 있는가?

당신이 생각하는 양심이란 무엇인가? 로마서 2장의 바울에 따르면 양심은 하나님의 심판 자리에서 보내오는 전파를 수신하는 라디오와 같다. 당신은 '내게 늘 죄책감이 드는 건 어머니 때문이다. 어머니가 나를 이렇게 만들었다'라고 생각할지 모른다. 그래서 여러 차례의 심리 치료에도 불구하고 여전히 죄책감에 시달린다. 왜 그럴까? 열악한 가정환경이 당신의 양심을 변질시켜 어떤 일에는 양심이 과잉반응하고 어떤 일에는 너무 무디게 만들 수도 있다. 그러나 가정은 죄의식을 창조할 수는 없고 악화시킬 뿐이다. 바울은 하나님의 법을 모르거나 믿지 않는 이들도 "그 양심이 증거가 되어 그 생각들이 서로 혹은 고발하며 그 마음에 새긴 율법의 행위를 나타내느니라"(롬 2:15)라고 말한다. 따라서 신의 심판이 존재한다면 이는 우리에게 나중 문제가 아니라 지금 당장의 문제다. 우리는 거기에 '자존감 부족'이나 '수치심과 죄책감' 같은 이름을 붙여 다른 사람에게 책임을 전가한다. 하지만 사실은 양심이 건강한 사람도 자신의 삶과 감정과 자의식 속에 정의의 법정을 열고 깨어 있는 모든 순간에 이를 적용한다. 부모의 횡포와 강압적 문화 규범에서 벗어나 스스로 자유롭게 선택한 도덕 기준에 따라 살아도, 우리는 여전히 비난받는 느낌이다. 우리의 본모습을 왜곡하는 내면의 목소리가 우리를 바보와 사기꾼과 패배자라고 부른다. 본연의 모습이 아니라고 외친다.

이렇듯 우리는 성경에 말한 대로 정의의 기준이 존재함을 마음 깊이 안다. 그런데 자신의 힘으로는 그 기준에 맞출 수 없다. 예수님이 대언자라는 성경 말씀 속에는 정의의 기준이 존재하고 우리가 그 앞에 서서 심판받아야 한다는 사실이 전제되어 있다. 이것이 대언자에 함축된 첫 번째 내용이다.

두번째 내용은, 그 단어에는 예수 그리스도가 주로 도덕적 행실의 본보기나 사랑의 지지자도 아님이 암시되어 있다. 물론 예수님은 본보기와 지지자가 되시며 우리에게 유익을 주신다. 그러나 그것만으로는 우리의 필요를 채우기에 부족하다. 정의의 기준이 존재한다면 - 우리 양심이 그 사실을 증언한다 - 우리에게 필요한 것은 진정한 대언자다.

설득력 있는
대언자가
필요하다

───

그렇다면 대언자가 하는 일은 무엇일까? 당신이 범죄로 기소되어 법정에 설 때 변호사는 어떤 역할을 하는가? 어떤 의미에서 법정의 변호사는 곧 당신이다. 신학자 찰스 하지(Charles Hodge)의 말마따나 법정에서 당신은 대언자 뒤로 숨는다. 당신이 말을 더듬어도 변호사가 유창하면 아무 상관이 없다. 당신도 유창해 보이기 때문이다. 당신이 무지해도 변호사가 해박하면 당신은 법정에서 어떻게 보일까? 해박해 보인다. 경우에 따라 당신은 발언하지 않거나 아예 법정에 출두하지 않아도 된다. 변호사가 대리인이 되어 당신을 대신해 출두할 것이다. 당신의 재판 결과는 어떻게 될까? 대언자가 얻어내는 결과대로 된다. 변호사가 승소하면 당신도 승소하고 변호사가 패소하면 당신도 패소한다. 요컨대 당신은 대언자와 연합하여 대언자 안에 존재한다.

이제 요한이 요한일서 2장 1절에 한 말의 위력이 느껴질 것이다. 그는 정의의 기준과 본인의 양심 앞에 유죄인 당신에게 필요한 것이 무엇이냐고 묻는다. 훌륭한 본보기일까? 돕는 지지자일까? 당신에게 더 열심히 노력하는 법을 가르쳐 줄 사람이 필요한가? 곁에 와서 "너는 할 수 있다!"라고 말해 주는 사람이 필요한가? 법을 알아 당신의 위법 경위를 밝혀 줄 사람이 필요한가? 물론 다 필요하지만 그게 중심은 아니다. 당신에게 필요한 것은 그저 좋은 변호사가 아니라 당신 대신 하늘 아버지 앞에 출두하실 완전한 대언자시다. 이 은유를 한 걸음 더 끌고 나가야 한다. 법정에 기소될 때 우리에게 필요한 것은 그저 유창하고 똑똑한 대언자가 아니라 설득력 있는 대언자다.

중보자
그리스도

예수 그리스도께서 아버지 앞에 나를 "중보한다"라는 이 개념을 그리스도인이 된 지 얼마 안 되어 처음 들었다. 히브리서를 통해

서셨는데 본문에는 예수님이 마치 구약의 제사장들이 백성을 대변했듯이 아버지 앞에 우리를 대변하시는 대제사장으로 나와 있었다. 그분이 아버지 앞에 나를 대변하신다는 개념을 처음 들었을 때 나는 보좌 앞에서 이렇게 말씀하시는 그분이 연상되었다. "평안하신지요, 아버지. 내 의뢰인 팀 켈러를 대변합니다. 솔직히 이번 주에는 아주 형편없군요. 그는 아버지께 한 약속을 서너 가지 어겼고, 아버지의 율법을 알고 인정하면서도 몇 가지를 위반했으며, 한 주간 죄도 많이 지었습니다. 벌을 받아 마땅합니다. 그런데 아버지, 나를 봐서라도 좀 봐 주시면 안 될까요? 그에게 한 번 더 기회를 주시기를 간청합니다." 내 상상 속의 그분은 그렇게 말씀하셨고, 그러자 역시 상상 속의 아버지께서 "그래, 좋다. 너를 생각해서 한 번 더 기회를 주노라"고 대답하셨다.

이 상상 속 시나리오의 문제점은 예수님이 아무런 논거도 없이 기회를 더 달라고 간청하셨다는 것이다. '아무리 예수님이라 해도 이런 식으로 얼마나 버티실 수 있을까?' 그때 이런 생각을 했었다. 언젠가는 아버지께서 마침내 "이제 됐다! 그만하면 충분하다!"라고 말씀하실 것만 같았다. 물론 무지한 상상이었다. 변호사가 배심원이나 판사의 심금을 울리거나 판결을 지연시키거나 교묘하게 말꼬투리를 잡아서는 승소할 수 없다. 변호사에게 필요한 것은 궤변이나 감정 조종이 아니라 설득력 있는 논거다. 바로 그게 예수님께 있다.

그렇다면 그분의 논거는 무엇인가? 이어지는 요한일서 2장 2절에서 요한은 우선 "그는 우리 죄를 위한 화목제물이니"라고 말한다. 예수님은 아버지 앞에서 우리를 위해 자비를 구하시는 게 아니다. 물론 하나님이 그리스도를 보내 우리를 위해 죽게 하심은 무한한 자비이지만, 그 자비는 이미 베풀어졌으므로 예수님이 구하실 필요가 없다. 요한일서 1장 9절에 "만일 우리가 우리 죄를 자백하면 그는 미쁘시고 의로우사 우리 죄를 사하시며"라 했다. 보다시피 그리스도인이 죄를 자백하면 하나님이 자비롭게 다시 기회를 주려고 용서하신다고 말씀하지 않는다. 하나님이 신실하시고 의로우시기 때문에 우리를 용서하신다고 했다. 우리를 용서하지 않으시면 그분은 의롭지 못하시다. 어떻게 그럴 수 있을까?

변호사가 의뢰인의 무죄를 얻어내는 최선책은 법정의 동정심을 유발하는 게 아니라 무죄의 당위성을 법으로 입증하는 것이다. 정직하고도 소신 있게 "법이 이러하니 내 의뢰인은 법대로 방면되어야 합니다"라고 말할 수 있어야 한다. 논거의 성패를 좌우하는 요소가 법정의 분위기가 아니라 법 자체여야 한다는 말이다. 그런데 예수 그리스도께 그런 논거가 있다! 그분은 이런 식으로 말씀하실 수 있다. "아버지여, 내 백성이 죄를 범하였으니 법대로 죄의 삯은 사망이오나 내가 그 죗값을 치렀나이다. 여기 죽음의 흔적인 내 피를 보소서. 십자가에서 내가 죄의 형벌을 다 당했사오니 같은 죄를 두 번 벌하심은 의롭지 못하옵니다. 그래서 나는 그들을 위하여 자비를 구하는 게 아니라 정의를 구하옵니다.”

예수님의 주장이 옳을진대 이거야말로 무오한 논거다. 그래서 요한은 그리스도인이 죄를 자백하면 하나님의 의로우심 덕분에 용서받을 수밖에 없다고 말한다! 세상의 다른 모든 종교와 철학은 기본적으로 삶을 정의의 저울로 본다. 눈가리개를 쓰고 저울을 든 여신상을 기억하는가? 이 은유에서 저울의 한쪽에는 당신이 있고 반대쪽에는 하나님의 법이 있다.

율법은 “하나님을 첫자리에 모시고 모든 사람을 사랑하고 황금률을 지키라”고 말한다. 이런 율법이 잔뜩 쌓여 저울을 반대쪽으로 기울어지게 한다. 당신은 평생 저울에 선행과 공로와 절제된 삶을 필사적으로 쌓아 올려 하나님의 법의 무게를 상쇄해야 한다. 다시 말해서 하나님의 법은 당신을 대적하게 되어 있다. 당신이 착하게 살지 않으면 율법 쪽이 더 무거워져 파멸을 면할 수 없다. 하나님의 법이 늘 유죄 쪽을 가리키므로 당신이 이를 상쇄하거나 모자라는 것을 보태야 한다.

그런데 놀랍게도 예수님이 당신의 대언자시면 이제 하나님의 법이 완전히 당신 편이다. 율법이 저울의 당신 쪽에 향해 있다. 예수님을 믿고 진심으로 “아버지여, 예수께서 이루신 일로 말미암아 저를 받아 주소서”라고 기도하면, 그분이 십자가에서 이루신 일이 당신의 계좌에 전가된다. 이제 당신은 하나님의 법에 따라 무죄 선고를 받을 수밖에 없다. 그래서 요한은 예수님을 우리의 대언자이자 "곧 의로우신" 분이라 칭한다. 이 말은 당신이 그리스도인이라면 하나님이 당신을 보실 때 "그리스도 안에서" 보신다는 뜻이다. 저울에 당신 홀로 있으면 죄인이지만 예수 안에 있으면 당신도 온전하고 옳고 아름답고 의롭다. 대언자이신 예수님과 당신은 연합해 있다.

바울은 고린도후서 5장 21절에 "하나님이 죄를 알지도 못하신 이를 우리를 대신하여 죄로 삼으신 것은 우리로 하여금 그 안에서 하나님의 의가 되게 하려 하심이라"라고 썼다. 이는 예수님이 죄가 없으신데도 죄인으로 간주되어 십자가에서 형벌을 받으셨듯이 우리도 의롭거나 온전하지 못하지만 그분을 믿으면 아버지께서 예수님으로 말미암아 의롭고 아름답고 온전하게 여겨 주신다는 뜻이다.

첫 대언자의 직무는 아버지 앞에 "내가 이룬 일을 보시고 이제 그들을 내 안에서 받아 주소서"라고 대변하신다. 그러면 예수께서 그들에게 보내 주시겠다고 약속하신 또 다른 대언자 곧 성령의 직무는 무엇인가? 앞서 말했듯이 첫 대언자의 일을 모르고는 두번째 대언자의 일을 이해할 수 없다. 흔히들 하는 말처럼 성령은 우리에게 능력을 주신다. 그런데 그 일을 어떻게 하시는가? 우리의 에너지 수위를 확 높여 주시는가? 그렇지 않다. 성령을 또 다른 대언자라 칭하심으로써 예수님은 성령이 어떻게 능력을 주시는지를 아는 중요한 단서를 주셨다.

깊은 진리를
가르치고
생각나게 하다

첫 대언자는 하나님께 당신을 대변하시지만 두번째 대언자는 당신에게 말씀하신다. 고별 설교 내내 예수께서 밝히셨듯이, 성령의 직무는 예수님이 우리를 위해 행하셨으나 사도들이 미처 깨닫지 못했던 모든 일을 "너희에게 가르치고 생각나게 하"심으로써 구원 사역에 대한 그분의 모든 가르침을 사도들에게 깨우쳐 주신다(요 14:26).

신학자 J. I. 패커(J. I. Packer)는 성령의 사역이 투광 조명등과 매우 비슷하다고 가르쳤다. 밤중에 투광 조명을 받는 건물 옆을 지나가면서 우리는 "저 건물 참 멋있다"라고 말한다. 불빛이 어디서 나오는지는 아예 보지 않을 수도 있다. 조명등의 직무는 자신을 드러내는 게 아니라 건물의 모든 특성을 부각시켜 건축미를 드러내는 것에 있다.

십자가 사건의 전날 밤 다락방에서까지도 사도들은 예수님이 자신들을 얼마나 사랑하시고, 그 사랑 때문에 어떤 대가를 치르실 것이며, 그 사랑으로 이루실 일이 무엇인지를 몰랐다. 그들에게는 모든 게 불투명했다. 그래서 그들은 3년간 그분과 함께 살고도 진정한 예수님을 만나지 못했다. 아직도 그분을 제대로 몰랐다. 그런데 성령이 오실 것이다. 성령은 그들의 손만 잡아 주거나 에너지만 주시는 게 아니라 깊은 진리를 가르쳐 삶을 변화시키실 것이다. 마침내 자신들의 뿌리 깊은 죄를 보게 하시고(요 16:9), 궁극적으로는 예수께서 가르쳐 주신 일을 깨우쳐 주실 것이다.

나는 성령이 단지 강사가 아니라 대언자라는 사실이 참 좋다. 그분은 '진리의 영'이시지만 우리에게 정보를 가르치시기만 하는 게 아니라 어떻게 살아야 할지 가르쳐 주신다. 우리를 책망하시고 도전하신다(요 16:8-11). 이렇게 말씀하시는 셈이다. "너는 죄인이니 죄인답게 겸손히 하나님을 의지하며 살고 있느냐? 너는 또 그리스도 안에서 의롭고 하나님 집에 입양되어 받아들여졌으니 이에 걸맞게 담대하고 자유롭게 살고 있느냐? 세상의 권력과 인정과 안락 욕구에서 완전히 해방되었느냐?"

성령은 그리스도가 사랑으로 이루신 일과 그 결과에 합당하게 살도록 우리를 설득하고 훈계하고 권고하고 간청한다(모두 '파라칼레오'의 번역으로 적합하다). 그래서 예수님은 성령을 통하여 비로소 제자들에게 자신을 "나타내리라"고 말씀하신다(요 14:21). 제자들은 마침내 예수를 보고 그 사랑의 임재를 알게 될 것이다.

함축된 의미가 보이는가? 사도들은 예수님이 몸으로 떠나시고 성령으로 다시 오시기 전까지는 그분을 알지 못했고, 알 수도 없었다. 이 사실은 그리스도인에게 큰 힘이 된다. 일례로 우리는 가끔 예수님 시대에 살며 그분을 실제로 만나서 눈으로 보고 귀로 들었더라면 더 좋았겠다고 생각한다. 그러면 예수님을 좀 더 잘 알 수 있겠다고 생각될 수도 있으나, 이는 틀린 생각이다. 예수님이 죽으시기 전에는 성령이 지금처럼 위력적으로 세상에 부어지지 않았었다. 우리는 성령을 통해서만 예수님을 온전히 알 수 있다. 성령은 우리를 향한 그리스도의 사랑이 얼마나 높고 길고 넓고 깊은지를 십자가를 통해 보여 주신다. 다시 말해서 그 순간 다락방에 있던 사도들보다 지금 여기서 성령의 힘으로 그리스도를 보고 그분의 임재와 사랑을 더 잘 알 수 있다.

은혜의 방편, 성령의 역사하심

어쩌면 당신은 이것이 거짓인 것처럼 인생을 살고 있을지도 모른다. 성령 안에서 당신에게 얼마나 엄청난 게 주어졌는지 모를 수도 있다. 당신이 억만장자라고 상상해 보라. 지갑에 지폐 세 장이 있는데 택시에서 내릴 때 그중 하나로 요금을 지불했다. 그런데 나중에 보니 지갑에 지폐가 한 장뿐이다. 한 장을 어디에 흘렸거나 택시 기사에게 두 장을 준 모양이다. 이제 당신은 어떻게 할 것인가? 억울함을 표출하겠는가? 남은 하루를 망치겠는가? 경찰에 요구하여 택시 기사를 전격 수배하겠는가? 억만장자인 당신은 어깨를 한 번 으쓱하고는 말 것이다. 겨우 지폐 한 장을 잃어버린 일이 무슨 대수인가? 그 정도 손해에 신경 쓰기에는 너무 부자다.

어떤 사람이 당신을 비난했다. 구입하거나 투자했던 상품의 가치가 알고 보니 생각보다 낮았다. 바라던 일이 뜻대로 풀리지 않았다. 믿었던 사람이 당신을 실망시켰다. 이는 당신의 평판과 재물과 희망에 손해되는 일들이다. 당신이 그리스도인이라면 어떻게 행동할 것인가? 이 낭패 때문에 삶에 대한 자족감을 망치겠는가? 하나님께 주먹을 휘두르겠는가? 잠 못 이루고 뒤척이겠는가? 만일 그렇다면 필시 이는 자신이 얼마나 부자인지를 모르기 때문이다.

당신은 첫 대언자에 대한 두번째 대언자의 말씀을 듣지 않고 있다. 기쁨 없는 삶을 지속하고 있다. 때로 "엉터리 사기꾼"인 당신을 우주 유일의 중요한 눈이 매혹적이리만치 아름다운 인격체로 보신다는 사실을 잊었다. 당신이 다른 사람들 앞에서의 체면 때문에 발끈한다든지 당신의 감정을 해치는 사람에게 분노한다고 생각해 보자. 당신은 이를 자제력 부족이나 자존감 부족으로 볼 수 있다. 일정 부분은 맞는 말이다. 그러나 더 근본적으로는 자신의 정체를 완전히 망각한 것이다. 그리스도인인 당신은 영적 억만장자인데 겨우 지폐 몇 장 때문에 전전긍긍하고 있는 것이다. 두번째 대언자이신 성령의 직무는 심중의 법정에서 당신을 설득하되 그리스도 안에서의 참된 정체성을 논거로 제시하여 당신이 부자임을 밝힌다. 그리고 당신의 직무는 성령의 말씀을 듣는 것이다.

어떻게 하면 더 귀를 기울일 수 있을까? 이는 방대한 주제지만 당신이 신자라면 '은혜의 방편' - 혼자 혹은 공동체로 말씀을 읽고 공부하기, 기도, 예배, 세례와 성만찬의 성례 등 - 에 힘쓰면 나머지는 성령께서 역사하신다. 은혜의 방편을 게을리 하면 두번째 대언자가 역사할 여지가 없다. 그런 일을 하더라도 생각 없이 형식적으로 행하면 몸만 자리를 차지할 뿐 그분의 교훈과 위로와 조언과 변호에 귀를 닫는 것이다.

두번째 대언자의 역사하심을 경험하지 못하는 것은 당신에게 무한한 손해다. 예수님은 "평안을 너희에게 끼치노니 곧 나의 평안을 너희에게 주노라. 내가 너희에게 주는 것은 세상이 주는 것과 같지 아니하니라"라고 말씀하신다. 성령의 역사하심이 없이는 예수님이나 그분의 평안을 경험할 수 없다.

세상의 평안은 예수님의 평안과 어떻게 다를까? 우선 평안을 얻으려면, 인생의 중대한 질문들을 너무 오래, 많이 생각해서는 안 된다. 오래전에 의대생 친구가 있었다. 그가 하는 말이 인체는 매우 취약하여 순식간에 많은 일이 잘못될 수 있고 수백만의 바이러스와 세균이 상시 공격 태세를 취하고 있음을 배웠다고 했다. 그래서 겁이 난다는 그에게 두려움을 어떻게 해결하느냐고 물었더니 그는 생각을 멈추기 위해 노력한다고 말했다. 세상의 '평안'은 다분히 그런 식이다. 고달프고 잔인하고 덧없으며 결국 죽으면 끝나는 삶에 대한 생각을 그만두라고 한다. 이와는 정반대로 예수님의 평안은 생각을 떨치고 실재를 무시해서 얻어지는 게 아니라 오히려 충분히 생각하며 실재에 주목할 때 찾아온다. 성령님이 말씀해 주시듯이 아버지는 당신을 사랑하시며 당신의 영원한 복은 보장되어 있다. 다시 말해서, 그리스도는 우리에게 이생의 어둠을 이겨낼 진정한 생각거리를 주신다. 그러나 세상은 "콧노래나 크게 부르며 눈길을 돌리라"고 말할 뿐이다.

아울러 그리스도인의 평안은 한결같지만 세상의 평안은 환경에 따라 쉽게 바뀐다. 남들이 당신을 좋아하고 돈이 많고 직장에서 성과가 좋고 관계가 원만하는 등 삶의 여건이 순탄하면 평안하게 느껴진다. 그러나 주식이 떨어지고 일에 실패하면 우울하고 불안해진다. 왜 그럴까? 당신의 평안이 환경에 달려 있기 때문이다.

성령이 주시는
진짜 평안을
누리다

———

18세기 웨일스의 어느 설교자에 대한 이야기를 들은 적이 있다. 청소년 시절 그는 가족들과 함께 숙모의 임종을 지켜보았다. 숙모는 신앙이 좋은 그리스도인이었다. 다들 그녀가 의식을 잃은 줄로 알고 몇몇이 큰 소리로 말했다. "박복하기도 하지. 고달픈 인생에 남편을 둘이나 사별하고 병치레도 잦더니만 죽을 때까지 이렇게 가난하니." 그 순간 갑자기 그녀가 눈을 뜨고 빙 둘러보며 말했다. "누가 나더러 가난하대요? 나는 큰 부자예요! 잠시 후면 사자처럼 담대히 그분 앞에 설 겁니다." 그러고 나서 그녀는 숨을 거두었다. 당연히 이 일은 그 젊은이에게 깊은 영향을 미쳤다. 이 여인에게는 예수님이 말씀하신 평안이 있었다. 대언자의 말씀에 늘 귀를 기울인 결과였다. 아마도 그녀의 말은 이런 뜻이리라. "죽을 수 없는 유일한 남편이 내게 있고 영영 사라지지 않을 유일한 부유함도 내게 있다. 나를 정말로 죽일 수 있는 유일한 병은 죄인데 내 구주께서 오래전에 그것도 해결하셨다. 그러니 내가 어째서 가난하단 말인가?" 두번째 대언자가 그녀에게 첫 대언자에 대해 말씀해 주셨다. 그래서 그녀는 커다란 상실 앞에서도 찬송 작사가처럼 "내 영혼 내 영혼 평안해"라고 고백할 수 있었다.[1]

당신의 영혼도 그렇게 될 수 있다. 두번째 대언자이신 성령님이 바로 지금 당신에게 말씀하실 수도 있다. "옳다. 예수님이 너의 대언자시니라. 아름답지 않으냐? 그분을 믿으라." 그 말씀을 받아들이라. 예수 그리스도가 이루신 일을 믿으면 심판대 앞에도 사자처럼 담대할 수 있다. 그런 당신을 하나님은 티 없고 흠 없는 존재로 보신다. 그래서 당신도 이렇게 노래할 수 있다.

내 지은 모든 죄

저 원수 조롱하나

이 많고 많은 죄

주 모두 사하셨네.

　요컨대 이것이 예수님이 다락방에서 제자들에게 주신 말씀이
다. 그들은 늘 예수님을 실망시켰으나 예수님의 십자가 사건 이후
세상을 변화시킬 제자들에게 주신 구명 밧줄이었다. "나를 믿으라.
내가 떠난 후에는 성령을 받아들이라. 성령이 말씀하실 내 무오한
논거를 들으라. 그러면 성령이 너희에게 누구도 줄 수 없는 진짜 평
안을 주시리라."

　당신은 아직 제자들의 영적 후예가 아닐 수도 있다. 그러나 이
것은 당신에게 주시는 말씀이기도 하다.

66

왜
신이 죽어야만
했는가

99

●

The
Obedient
Master

8
순종하신 주님

십자가에 죽으심

죽음을 눈앞에 둔 예수님이 겟세마네 동산에서 보내신 시간은 제자들의 나약함을 보여 주는 좋은 예이다. 마지막 순간까지도 제자들은 예수님이 곧 겪게 될 일에 대하여 알지 못했다. 그러나 어둠 속에서 예수님이 겪으신 일들은 영화의 본편이 시작되기 전의 예고편이 아니다. 좀 더 깊이 있는 설명이 필요한 사건이 여기에서 벌어졌다. 본문보다 더 깊이 예수님의 내면과 동기와 경험을 들여다볼 수 있는 곳은 성경 어디에도 없을 것이다. 복음서의 다른 어떤 부분들과 마찬가지로 본문은 예수께서 왜, 어떻게 죽임 당하셨고, 우리는 그것에 어떤 반응을 보여야 하는지 밝히 보여 준다. 먼저 사건의 전모를 알려면 마태와 마가와 누가의 기사를 함께 살펴보자.

차마
감당하기 힘든
슬픔

———

마태복음에는 그 장면이 이렇게 시작된다.

> 이에 예수께서 제자들과 함께 겟세마네라 하는 곳에 이르러 제자들에게 이르시되 내가 저기 가서 기도할 동안에 너희는 여기 앉아 있으라 하시고 베드로와 세베대의 두 아들을 데리고 가실새 고민하고 슬퍼하사 이에 말씀하시되 내 마음이 매우 고민하여 죽게 되었으니 너희는 여기 머물러 나와 함께 깨어 있으라 하시고 (마 26:36-38).

그리스도가 겪으신 고통의 강도부터 살펴보자. 마태와 마가와 누가가 표현했듯이, 예수님의 비애와 슬픔은 엄청났다. 감히 우리가 예상할 수 있는 정도를 벗어났다. 마태는 "내 마음이 매우 고민하여 죽게 되었으니"라고 예수님의 말씀을 기록한다. 그분이 겪으신 내면의 정신적 고뇌는 차마 감당하기 힘든 정도여서 그 고통만으로도 그 자리에서 당장 죽을 수 있을 것만 같았다.

또 예수님은 "간고를 많이 겪"으셨다. 그분의 일생을 보면 기쁨의 모습보다 눈물 흘리고 탄식하시는 모습이 훨씬 많다. 그러나 이번 짐은 그보다 훨씬 무거웠다. 마태에 따르면 그분은 나머지 제자들을 두고 베드로와 야고보와 요한만 데리고 동산 쪽으로 기도하러 가실 때부터 "고민하고 슬퍼하"셨다(37절). 이동 중에 벌어진 변화가 순식간에 그분을 습격하다시피 했다. 그분은 정신적 고뇌가 너무 커서 죽을 것 같았을 뿐 아니라 마가에 따르면 심히 놀라셨다.

마가가 쓴 헬라어 단어 '엑쌈베이스싸이'(ekthambeisthai)는 '몹시 놀랄 만하거나 당혹스러운 일 때문에 감정의 상태가 격해진다'라는 뜻이다.[1] NIV의 경우는 이런 의미를 묻어 둔 채 그냥 "심히 고민하시며"(deeply distressed)로 옮겼다. 혹시 예수님에 대한 다음과 같은 오해 때문에 이런 일이 생긴 것은 아닐까 생각된다. 예수님의 정체가 주장대로 - 영원히 선재하시다가 이 땅에 오신 성자 하나님이라면 - 그 무엇에도 크게 놀라실 리가 없다고 생각했을 수 있다. 아무리 인간의 몸을 입으셨어도 삼위일체의 제2위격이시니 모든 일을 아시고, 미래를 아셨을 텐데 놀랄만한 일은 없으실 것이라 생각했을 수 있다. 그런데 당황스럽게도 예수님은 놀라셨다. 말문이 막힐 정도로 놀라셨다. 기도하러 가시던 길에 예상 밖의 암흑과 섬뜩함이 예수님을 덮쳤고, 그 고통으로 인해 그 자리에서 주저 앉으실 것만 같았다.

한번 생각해 보라. 모든 복음서의 저자들은 책을 기록할 즈음에는 잘 알고 있었듯이, 놀랍도록 평온하게 죽음을 맞이했다. 누가의 기록에 보면 기독교 지도자 스데반은 자신을 처형하는 무리 앞에서 "얼굴이 천사의 얼굴과 같"이 빛났다(행 6:15). 그는 돌에 맞아 죽으면서도 자신을 향해 돌을 던지는 이들을 용서해 달라고 온유하게 기도했다(행 7:60).

안디옥의 이그나티우스(Ignatius)와 폴리캅(Polycarp) 같은 초기 기독교 작가들도 그리스도인들이 초연하게 고문과 죽음을 맞이했음을 말해 주었다. 한 역사가에 따르면 기독교 사상가들은 이것이 이교도 무리에게 기독교 신앙을 권하기 위해 사용한 방법 중 하나라고 한다. 그들은 그리스도인이 이교도보다 고난과 죽음을 더 잘 감당해 냈다고 주장한다.[2] 그리스도인들은 사자 밥이 되면서도 찬송을 멈추지 않았고, 화형을 당하면서도 손을 들어 기도했다.

그런데 예수 그리스도가 그분을 따르던 이들과 다르게 죽음에 대해 반응하신다. 얼굴이 천사처럼 빛나지도 않으셨고, 담담하거나, 초연하거나 평온하지도 않으셨다. 정말 그런 일이 일어났다! 만약 마태와 마가와 누가가 자기네 신앙을 창시하신 분의 생애를 지어

냈거나 미화했다면, 무엇을 위해 임박한 죽음 앞에서 대다수의 제자들보다 더 필사적으로 몸부림치시는 분으로 그려냈겠는가?

그렇다면 예수님이 죽음을 앞두고 그렇게까지 강도 높게 고뇌하고 슬퍼하신 이유는 무엇인가? 답은 그분의 죽음이 완전히 달랐기 때문이다. 이런 죽음에 직면한 사람은 역사상 전무후무하다.

마태의 기사는 이렇게 이어진다.

> 조금 나아가사 얼굴을 땅에 대시고 엎드려 기도하여 이르시되 내 아버지여 만일 할 만하시거든 이 잔을 내게서 지나가게 하옵소서 그러나 나의 원대로 마시옵고 아버지의 원대로 하옵소서 하시고 제자들에게 오사 그 자는 것을 보시고 베드로에게 말씀하시되 너희가 나와 함께 한 시간도 이렇게 깨어 있을 수 없더냐 시험에 들지 않게 깨어 기도하라 마음에는 원이로되 육신이 약하도다 하시고 다시 두 번째 나아가 기도하여 이르시되 내 아버지여 만일 내가 마시지 않고는 이 잔이 내게서 지나갈 수 없거든 아버지의 원대로 되기를 원하나이다 하시고 다시 오사 보신즉 그들이 자니 이는 그들의 눈이 피곤함일러라 또 그들을 두시고 나아가 세 번째 같은 말씀으로 기도하신 후(마 26:39-44).

그리스도의

'잔'

———

마태와 마가와 누가는 모두 '이 잔'을 그날 밤 예수께서 하신 기도의 핵심으로 언급한다. 고대의 잔은 사형 집행을 위한 전기의자와 같았다. 소크라테스가 어떻게 처형되었는지 기억나는가? 독배를 마셨다. '이 잔'은 일반적인 죽음을 가리키는 것이 아닌, 사법상의 죽음에 한정된다. 사도들이 이 단어를 썼다는 것은 예수님이 자신의 십자가 처형이 임박했음을 아셨다는 뜻이다. 하지만 참된 의미는 거기서 그치지 않는다.

성경에서 '이 잔'은 불의와 악행에 대한 하나님의 사법적 진노를 의미한다. 에스겔 23장에 "네가 놀람과 패망의 잔에 넘치게 취하고 네 유방을 꼬집을 것"이라 했고, 이사야 51장에서는 "그의 분노의 잔 비틀걸음치게 하는 큰 잔"을 마시는 사람들을 언급한다. 예수 그리스도가 이후의 순교자들 보다 고상하게 죽음을 대면하지 못하신 이유는 그들 중 누구도 이 잔을 마시지는 않았기 때문이다. 예수께서 친히 이 잔을 언급하신 것으로 보아 그분은 자신이 육체적 고문과 죽음뿐만 아니라 온 인류의 악과 죄에 대한 하나님의 충천한 진노를 받게 되심을 아셨다. 우리가 당해야 할 하나님의 사법적 진노가 예수님께 임한 것이다.

이 진노가 남김없이 다 부어진 것은 이튿날 십자가에서였지만

- 그때 그분은 "나의 하나님, 나의 하나님, 어찌하여 나를 버리셨나이까"라고 부르짖으셨다 - 예수님이 겟세마네 동산에서부터 그 진노를 맛보기 시작했다는 주석가들의 생각에 나 역시 동의한다. 이 사법적 진노는 과연 어떤 느낌이었을까? 바로 하나님의 부재라는 고문이었다.

최후의
고난을 앞둔
예수님의 싸움

데살로니가후서 1장 8절은 "하나님을 모르는 자들과 우리 주 예수의 복음에 복종하지 않는 자들에게 형벌을 내리시리니"라고 말한다. 성경에 나오는 하나님의 심판은 지극히 공평하다. 이는 아주 자연스러운 결과다. 죄의 본질이 "내 삶 속에 하나님을 원하지 않는다"인 만큼 하나님이 주시는 진노의 본질은 우리가 '소원한' 것을 주시는 것이다. 정말 이보다 공정하며, 동시에 두려운 일도 없을 것이다.

성경에 따르면 우리는 하나님 없이 살 수 없게 창조되었다. 인간은 하나님과의 관계 속에서 그분의 임재를 온전히 누리도록 지어졌다. 심지어 이는 하나님을 믿지 않고 피하는 이들에게도 일정 부분 적용되는데, 비신자들도 이 땅에서는 그분에게서 완전히 끊어지지 않는다. 바울의 말처럼 우리는 하나님을 힘입어 "살며 기동하며 존재"한다(행 17:28). 이는 하나님을 믿지 않던 당시의 헬라 철학자들에게 한 말인데, 우리가 성경의 하나님을 인정하지 않아도 여전히 그분은 눈에 보이지 않는 방법으로 우리의 삶을 지탱하신다는 의미다.

이런 하나님의 은혜와 능력이 우리 삶에서 사라진다면 어떻게 될까? 우리 영혼은 그분의 사랑과 임재 없이는 살 수 없게 지어졌기 때문에 영적 고통과 파멸이 영원히 이어질 것이다. 그것은 영원한 고문일 것이며, 더불어 완벽히 정의롭다. C. S. 루이스가 《천국과 지옥의 이혼》(The Great Divorce)에 말했듯이 현세에 당신이 하나님께 "아버지의 뜻대로 하옵소서"라고 끝내 말하지 않으면 결국 내세에 하나님이 당신에게 "정 그렇다면 네 뜻대로 하여라"고 말씀하신다. 만약 당신이 하나님께로부터 벗어나 자유롭기를 원한다면 소원하는 대로 될 것이다. 그러나 그것은 당신에게 고통을 줄 것이다.

다시 겟세마네 동산의 예수 그리스도께로 돌아가 보자. 이 땅에서 인간의 모습으로 사셨던 주님은 우리와 같이 하나님 아버지와의 교제와 기도를 통해 하나님의 임재를 경험하는 기쁨을 누리셨다. 그러나 다른 어떤 인간과도 달리 강렬한 하나님의 사랑과 임재를 나누셨을 것이다. 또 아버지와 충만하게 교제하는 무한한 복을 온전히 아셨을 것이다. 그런데 그 동산으로 걸어가며 기도를 시작하실 때는 갑자기 - 영원이라는 시간 동안 처음으로 - 하나님과의 모든 통신이 끊겼다. 마가복음 주석을 쓴 빌 레인(Bill Lane)은 겟세마네 동산에 대해 이렇게 말했다.

> 잔을 거두어 달라고 기도하실 수밖에 없었던 그 처절한 슬픔과 불안은 그분이 만나게 될 암담한 운명이 두려워서가 아니었고 임박한 육체적 고난과 죽음에 위축되어서도 아니었다. 그보다 이는 온전히 아버지만을 위해 사시던 자신이 곧 하나님으로부터 단절될 것에 대한 공포였다. 예수께서 짊어지신 죄의 심판에 그런 단절이 내포되어 있다. 예수님은 배반당하시기 전에 아버지와 함께 있으려고 그곳에 갔는데, 천국 대신 지옥이 앞에 열린 탓에 비틀거리셨다.[3]

에스겔과 이사야의 말을 잊지 말라. 하나님의 진노의 잔은 독과 같아서 내면의 고통으로 몸을 가누지 못하고, 영혼이 타들어 가게 만든다. 바로 그 일이 예수님께 벌어지기 시작했다. 기도하시려는데 갑자기 나락이 보인다. 하나님 아버지가 없고, 임재도 없으며, 어떠한 교제도 없다. 천국 대신 지옥이 눈앞에 열릴 뿐이다. 이 무한대의 고통을 이해하려면 그분이 하나님의 아들이심을 인식해야만 한다.

마음을 나눈 친구의 사랑과 관심을 잃는다면 마음이 괴로울 것이다. 아내나 자녀의 사랑을 잃는다면 무한히 고통스러울 것이다. 사랑의 관계가 오래되고, 깊고, 친밀할수록 관계의 단절이 주는 고통은 더 쓰라린다. 성자와 성부 하나님의 완전한 사랑의 관계는 인간의 관계와는 전혀 차원이 다르다. 그에 비하면 부부의 사랑 관계는 망망대해 앞의 이슬 한 방울에 지나지 않는다. 예수께서 바로 그것을 잃으셨다.

그런데 그분의 곤경은 그보다도 더 심했다. 사랑을 잃은 정도가 아니라 진노를 당하셨기 때문이다. 하나님의 사랑이 인간의 사랑을 무한히 능가하듯이 하나님의 진노도 인간의 분노를 능가할 수밖에 없다. 하나님은 전지전능하시다. 그분의 태산 같은 진노가 우리에게 임한다는 게 무엇일지 어찌 상상이나 할 수 있겠는가? 전능성의 무게는 얼마나 되는가?

누가복음에는 예수님이 말 그대로 '힘쓰'셨다는 표현에 이어 - 헬라어 '아고니아'(agony)는 사투를 뜻한다 - 기도하시는 동안 흥건한 땀이 '핏방울같이' 되었다고 덧붙여져 있다. 땀에 피가 섞여 나왔다는 뜻일 수 있다. 사람이 큰 충격을 받으면 살갗 바로 밑의 실핏줄이 터지는 경우가 있다. 또 다음날 쏟을 피가 온몸에 흘러내릴 것처럼, 땀이 줄줄 흐를 수도 있다. 두 경우 모두 매우 극적이다. 하나님 아버지로부터 단절되는 어마어마한 고난이 예수님께 이미 시작되었다. 오죽하면 땅에 엎드려 이 잔을 옮겨 달라고 애원하셨을까.

절대적
고통의 원인,
하나님과의 단절

왜 그렇게 고통이 컸을까? 예수 그리스도의 죽음이 다른 어느 인간의 죽음과도 달랐기 때문이다. 그분은 인간 때문에 아버지와의 완전한 교제를 잃으셨다. 또 우리를 대신해 하나님의 사법적 진노를 감수하셨다. 조나단 에드워즈(Jonathan Edwards)는 그것을 이렇게 요약했다. "최후의 고난을 앞두고 그리스도의 영혼 안에 벌어진 싸움은 모든 표현과 상상을 초월할 정도로 처절했다."

또 예수님이 겪으신 고난의 순간에 대해서도 살펴보자. 나는 조나단 에드워즈와 같은 신학자들의 도움을 받아 예수님이 겟세마네 동산에서 하나님의 진노를 미리 맛보았다고 주장해 왔다. 그런데 왜 하필, 예수님이 십자가형을 목전에 둔 지금 이 엄청난 고통을 맛보고 있다는 것이 중요할까? 여기에 답해 줄 기독교 교리의 일면은 자주 간과되거나 오해를 받지만, 동시에 우리에게 깊은 위안을 가져다준다.

오랫동안 신학자들은 그리스도가 이루신 일을 수동적 측면과 능동적 측면으로 구분했다. 이 가르침에 따르면 예수님은 수동적 순종을 통해 우리 몫의 형벌을 당하시고 우리를 대신해 죽으셨다. 그러나 능동적 순종을 통해서는 우리가 살아야 할 삶을 사셨다.[4] 복잡하고 어렵게 들릴지 모르지만 사실은 아주 실제적이다.

예수님이 십자가에서 친히 담당하신 죄의 형벌은 본래 우리 몫이었다. 결코 그분의 몫이 아니었다. 이를 전통적으로 '수동적 순종'이라고 칭한다. 하나님의 율법에 불순종한 것은 우리인데 예수님이 대신 형벌을 받으셨다. 예수님을 믿는 우리는 그리스도로 인해 정죄로부터 완전히 해방되었다. 그러나 만약 예수님이 행하신 일이 거기서 그친다면, 우리는 과거의 죄 때문에 벌을 받지 않아도 되어서 감사할 수 있고 하나님이 더는 노하지 않으실 테니 크게 안도할 수 있다.

그러나 그분이 실제로 우리를 사랑하신다는 증거는 아직 찾을 수 없다. 아버지가 자식을 벌하지 않는다는 것이, 곧 자식을 사랑하고 기뻐한다는 뜻은 아니기 때문이다. 당신도 예수님의 수동적 순종만 믿는다면, 행여 "하나님 앞에 바르지" 못해서 순간의 실수로 그분의 은총을 잃을 수도 있다는 엄청난 압박감과 두려움을 안고 살 것이다. 또 자신이 용서받은 줄은 알지만 하나님께 사랑받는다는 확신은 가질 수 없다.

그런데 예수님이 수동적으로 형벌을 감수하신 것만이 우리에게 행하신 전부가 아니다. 생애 전체, 특히 죽음을 통해 하나님 율법의 적극적 요구를 충족시키셨다. 이것이 바로 예수님의 '능동적 순종'이다. 예수님은 우리를 대신해 죽으셔서 율법의 저주를 당하셨을 뿐 아니라 우리가 살아야 했을 사랑과 충절의 위대한 삶을 사셔서 우리로 하여금 하나님의 복을 받아 누리게 하신다. 예수님 외에는 그 누구도 목숨과 뜻과 힘을 다하여 하나님을 사랑하지 못했고, 완전하고 충만하고 희생적으로 이웃을 사랑하지도 못했다. 그런 삶에 합당한 결과는 무엇일까? 하나님께로부터 최고의 복과 칭찬과 명예를 받아 마땅하다. 예수님은 수동적으로만 아니라 능동적으로도 우리 대신 하나님의 율법을 충족시키셨다. 그래서 그분은 우리 몫의 형벌을 당하시고 우리는 그분 몫의 상을 하나님께 받는다. 그야말로 놀랍도록 철저한 구원이니 곧 은혜 위에 은혜다.

이것이 예수님이 겟세마네 동산에서 씨름하신 일과 무슨 관계가 있는가? 그 일은 그분의 수동적 순종 즉 우리를 위한 죽으심의 시작일 뿐이 아니던가? 아니, 그 이상이었다.

대상이 무엇이든 막연히 머리로만 아는 것과 전 존재로 아는 것은 전혀 다르다. 치과에 가면 힘들 것을 머리로는 알 수 있다. 그래도 우리는 치과에 가서 불안한 농담을 던지며 진찰대에 눕는다. 그러나 막상 치료가 시작되면 '이 정도일 줄 알았다면 절대로 안 왔을 거야. 괜히 돈만 아까워'라는 생각이 든다. 만일 집에서 치과 예약을 결정하는 단계에서 한순간이라도 실제 고통의 첫맛을 볼 수 있다면 어떠할까? 그게 가능하다면 이 세상 치과는 대부분 폐업할 것이다.

물론 예수님은 장차 닥쳐올 일을 그간에도 알고 계셨다. 고난과 죽음을 위해 이 땅에 오셨음을 제자들에게 누누이 말씀하신 것을 보면 알 수 있다. 앞서 보았듯이 가나의 혼인 잔치 때도 이 밤의 그림자가 그분 앞에 드리워졌고, 나사로를 살리실 때도 그분은 이 일이 결국 십자가의 도화선이 될 것을 아셨다. 그러나 동산에 들어서면서 심히 놀라신 것으로 보아 자신이 곧 당하실 일을 실제 체험적으로 아신 때는 바로 지금이다. 이튿날이면 공개적으로 십자가에 못 박히실 텐데 그때는 이 운명을 피하실 길이 없다. 그러나 제자들마저 잠들어 있는 이 어둠 속에서라면 예수님은 얼마든지 슬쩍 자취를 감추실 수도 있다. 하필 이때 아버지는 아들에게 고통을 미리 맛보게 하신 것이다.

조나단 에드워즈가 "그리스도의 고뇌"라는 설교에 말했듯이 "그리스도께서 이 아찔한 명령을 십분 절감하신 때는 이때가 처음이다. 너무 아찔해 보여 땀에 피가 섞여 나올 정도였다." 동산에서 그 일을 겪으신 후 십자가로 향하실 때 예수님은 이미 닥쳐올 고난을 생생히 알고 계셨다. 그래서 예수님의 행동은 세계 역사상 아버지와 동료 인간을 사랑하신 가장 위대한 행위다. 사랑하기 위해 그런 고난까지 감내한 사람은 아무도 없다. 즉 그렇게 사랑한 사람은 아무도 없다. 에드워즈의 말은 이렇게 이어진다.

예수 그리스도의 고뇌는 하나님의 진노를 직접 생생하게 훤히 다 보신 데서 비롯되었다. 하나님 아버지께서 예수님 앞에 내미신 잔은 느부갓네살의 풀무보다 무한히 더 끔찍했다. 그분은 자신이 던져질 풀무 속을 지척에서 보셨다. 거기 서서 사나운 불꽃과 타오르는 열기를 보셨다. 즉 그분은 자신이 어디로 가서 무슨 일을 당할지를 미리 아셨다. 그분은 "네가 놀람과 패망의 잔에 넘치게 취하고 네 유방을 꼬집을 것"이라 한 에스겔의 말과 "그의 분노의 잔 비틀걸음치게 하는 큰 잔을 마셔 다 비웠도다"라고 한 이사야의 말을 절감하셨다.

그리스도는 곧 무시무시한 진노의 풀무에 던져지실 것이다. 얼마나 무서운 풀무인지 모른 채 눈을 가리고 뛰어든다면 경우에 맞지 않았다. 그래서 하나님은 예수님을 풀무 입구에 세우시고 그 맹렬하고 사나운 불꽃을 들여다보게 하셨다. 고통이 무엇인지 알면서도 자원하여 고통 속에 들어가 우리를 대신해 그것을 겪게 하셨다. 만일 예수 그리스도께서 미리 다 알지 못하고서 그 잔을 마셨다면, 엄밀히 이는 인간이신 그분의 행위가 아니었을 것이다. 그러나 알고 마셨기에 우리를 향한 예수님의 사랑은 무한히 더 놀랍다. 또 하나님을 향한 예수님의 순종은 무한히 더 완전하다.

하나님이 예수님 앞에 잔을 내밀어 냄새 맡고 맛보게 하실 때만 해도 예수님은 안전하게 물러나려면 그러실 수 있었다. 아버지는 이렇게 말씀하신 셈이다. "여기 네가 마실 잔과 네가 던져질 풀무가 있느니라. 저기 잠들어 있는 네 친구들이 보이느냐. 그들이 구원

받으려면 다른 길은 없나니 곧 네가 죽지 않으면 그들이 망하리라. 열기가 얼마나 맹렬한지 보라. 네가 당해야 할 고통과 고뇌를 보라. 그런데도 너는 그들과 나를 한없이 사랑하여 기꺼이 이 잔을 마시겠느냐."

에드워즈가 상상했듯이 예수님이 제자들 쪽을 보시며 이렇게 말씀하셨다 해도 온전히 정의롭고 정당했을 것이다. 그들은 그분께 가장 절실히 지원이 필요했던 그 시간에 아예 깨어 있지도 못했으니 말이다. "그들은 영영 내게 보답할 수도 없는데, 영원 전부터 아버지의 사랑을 누리며 살아 온 내가 왜 그들을 위해 이런 풀무 속에 뛰어들어야 하나이까? 그들은 나를 사랑하지 않는 원수인데 왜 내가 그들을 위해 하나님의 진노에 눌려 순순히 죽어야 하나이까? 그들은 나와 연합할 자격이 없을 뿐더러 내 눈에 들 만한 일을 한 적도 없고 앞으로도 없을 것이니이다."

그렇게 말씀하셨어도 얼마든지 문제될 것이 없다. 그러나 예수님은 그러지 않으셨다. 그분의 심중에 그런 언어는 없었다. 대신 그분은 하나님께 "아버지의 원대로 하옵소서"라고 아뢰셨다. 에드워즈는 이렇게 결론짓는다.

"그분은 슬픔이 넘쳤으나 사랑이 훨씬 더 넘쳤다. 그리스도의 영혼은 비탄의 홍수에 잠겼으나 이 비탄은 죄인을 향한 사랑의 홍수에서 비롯되었다. 그 사랑이 그분의 마음에서 세상으로 흘러넘쳐 죄의 산꼭대기까지 뒤덮기에 충분했다. 땅에 떨어진 굵은 핏방울은 그리스도의 마음에 바다처럼 넘치는 사랑의 표출이었다."

우리가 찾던
참 사랑이
여기 있다

———

앞서 말했듯이 역사상 가장 위대한 '사랑의 행위'라는 말만으로는 부족하다. 이는 하나님을 향한 가장 놀랍고도 온전한 순종의 행위이기도 했다. 역사의 시초에도 동산과 명령이 있었다. 하나님은 아담과 하와를 동산에 두시고 특정한 나무 열매를 먹지 말라고 명하셨다. "나무에 대한 내 말에 순종하라, 그러면 너희가 살리라. 순종하면 복을 주리라"라고 지시하셨다. 그런데 그들은 불순종했다. 이제 여기에 다른 동산과 둘째 아담[5]과 다른 명령이 있다. 예수 그리스도는 아버지의 보내심을 받아 십자가로 가셨다. 십자가도 나무다.[6]

하나님이 아담에게 주신 명령은 만인에게 주시는 모든 명령의 원형이다. 어떤 식으로든 그분은 항상 "나에게 순종하면 복을 주리라. 내가 너희와 함께하리라"고 말씀하신다. 그런데 여기 예외가 있다. 모든 인간을 통틀어 오직 예수님께만 그분이 다르게 말씀하신다.

첫째 아담에게는 "나무에 대한 내 말에 순종하라. 그러면 복을 주리라"고 하셨는데 아담이 순종하지 않았다. 그러나 둘째 아담에게는 "나무에 대한 내 말에 순종하라. 그러면 네가 죽으리라"고 하셨다. 그런데 놀랍게도 예수님은 말씀에 순종하신다. 예수님은 순종의 결과로 저주받은 처음이자 마지막 인간이다. 아버지는 사실상 "나에게 순종하고 충성하면 내가 너를 버리고 외면하여 네 영혼을 지옥으로 보내리라"고 말씀하신다. 그런데도 예수님은 순종하셨다. 아버지께 버림받고 죽어 가실 때도 예수님은 그분을 "나의 하나님"이라고 부르셨다. 성경에서 이는 친밀함을 나타내는 언약의 어법이다. 그분은 버림받는 중에도 순종하셨다. 시인 조지 허버트(George Herbert)도 십자가를 나무로 칭하며 첫째 아담의 불순종이 둘째 아담의 훨씬 더 어렵고 위대한 순종을 통해서만 바로잡혔음을 아름답게 표현했다. 그가 상상한 예수님은 십자가에서 이렇게 말씀하신다.

> 모든 지나가는 이여, 보라
>
> 인간은 열매를 훔쳤으나 나는 나무에 달려야 하리
>
> 나만 빼고 모두에게 생명나무를 주어야 하기에
>
> 이런 슬픔이 또 있었으랴

이제 난해해 보이는 가르침인 그리스도의 수동적 순종과 능동
적 순종으로 다시 돌아가 보자. 만일 예수님이 내 몫의 죽음만을 당
하셨다면, 내가 아버지께 용서받았을 뿐 아니라 온전히 사랑받고 있
음을 확신하는 일이 나의 훌륭한 도덕적 삶에 달려 있다고 느껴지는
게 당연할 것이다. 죄는 용서받았지만 나를 향한 하나님의 좋은 평
가는 전적으로 내가 얼마나 바르게 사느냐에 달려 있기 때문이다.

그런데 예수님은 우리 몫의 죽음만을 당하신 게 아니라 우리가
살았어야 할 삶까지도 사셨다. 스코틀랜드의 사역자 로버트 머레이
맥체인(Robert Murray M'Cheyne)의 말마따나 "그분은 죽으시는 구주만
이 아니라 행하시는 구주"시다. 예수님을 믿는 사람은 그분의 죽음
으로 인하여 죄 사함만 받는 게 아니라 순종의 혜택까지 입는다. 희
생뿐 아니라 의까지도 우리에게 전가된다는 뜻이다(신학자들은 경제 용
어를 써서 귀속된다고 표현한다). 고린도후서 5장 21절은 "하나님이 죄를
알지도 못하신 이를 우리를 대신하여 죄로 삼으신 것은 우리로 하
여금 그 안에서 하나님의 의가 되게 하려 하심이라"라고 했다. 예수
그리스도를 믿으면 하나님이 우리를 대언자이신 그분 안에서 순종
하는 의인으로 보신다. 예수님의 죽음을 우리의 죽음으로 보시듯이
그분의 행위도 우리의 행위로 보신다.

예수님이 행하신 일의 아름다움과 위력을 보라! 이런 용기와 사랑과 희생에 합당한 명예는 무엇인가? 그리스도를 믿으면 바로 그 명예가 당신에게 주어진다. 몇 년 전 어느 텔레비전 탐정물에서 해병대 출신의 80대 남자가 비참하게 망가져 범죄 피의자로 지목된 이야기를 보았다. 거구의 건장한 두 헌병과 해군 변호인이 그를 체포하러 왔다. 그들이 무뚝뚝하게 호통 치며 명령하고 있는데 갑자기 그 노인의 친구가 손을 뻗어 노인의 넥타이를 풀었다. 그러자 수십 년 전 그가 이오지마에서 받았던 의회 명예훈장이 드러났다. 훈장을 보자마자 변호인과 헌병들은 얼른 예를 갖추었다. 물론 그에게 직접 경례까지는 하지 않았다. 그는 어디까지나 용의자며 여러 모로 실패자이기 때문이다. 하지만 훈장 덕분에 명예로운 대접을 받았다. 그 훈장은 희생적 행위뿐만 아니라 수세기에 걸쳐 복무했던 수많은 군인의 용기를 대변했다.

그리스도의 능동적 순종 덕분에 우리에게 벌어지는 일을 이 예에서 조금이나마 엿볼 수 있다. 우리는 사면되어 감옥에서 시내까지 이동할 버스비만 지급받은 죄수가 아니라 사면에다 명예 훈장까지 수여받은 죄수와 같다. 그 훈장에는 각종 권리와 혜택이 수반되었다. 용서와 해방만이 아니라 사랑과 즐거움까지 주어졌다. 바로 예수님이 능동적으로 순종하신 결과다. 그런데 그분은 평생 온전한 삶으로 하나님께 순종하시고도 그 능동적 순종 때문에 여기 동산에서 엄청난 도전에 부딪치셨다. 그래서 그 도전에 대한 예수님의 아름다운 반응을 보는 게 매우 중요하다. 예수님은 돌이킬 수 없는 지점에 이르시기 전부터 이미 그렇게 반응하셨다. 이 모두는 우리를 어떻게 달라지게 하는가? 우리가 당할 일을 대신 당하신 예수님을 보며 어떤 도움을 얻는가?

첫째, 동산의 예수님은 비할 나위 없는 정직의 표본이다. 그분은 보는 이 없는 어둠 속에서도 옳은 길을 가셨다. 역사상 가장 힘든 일을 위해 부름 받았음을 아시면서도 변함이 없으셨다. 곧 날이 밝으면 많은 사람 앞에서 하실 일을 홀로 어둠 속에서 하셨다. 그래서 묻는다. 당신은 어둠 속에서나 빛 가운데서나 똑같은 사람인가? 홀로 있을 때나 남들 앞에서나 똑같은 사람인가? 아니면 이중생활을 하는가?

둘째, 예수님은 기도의 위대한 모본이다. 예수님의 가장 놀라운 점은 자신의 감정과 갈망에 대해 솔직하면서도 동시에 하나님의 뜻에 절대적으로 순복하신 것이다. 그분은 경건한 척하지 않으신다. 하나님의 아들이 세 번이나 아버지께 차라리 구원 계획을 피하고 싶다고 말한다. 꾸밈이나 숨김이 없다. 그러면서도 주저 없이 "나의 원대로 마시옵고 아버지의 원대로 하옵소서"라고 아뢰신다. 기도의 기본 취지는 하나님의 뜻을 굽혀 내게 맞추는 게 아니라 내 뜻을 빚어 그분께 맞추는 데 있다. 예수님은 철저히 하나님 중심이면서도 지극히 인간적이고 솔직하시다. 당신도 이것을 기도의 지침으로 삼으라. 감정을 억압해서도 안 되지만 감정에 지배당해서도 안 된다. 대다수의 사람이 그중 한 쪽은 하는데 둘 다는 하지 못한다.

셋째, 여기 동산에 사람을 인내하는 엄청난 본보기가 있다. 마태의 기록에는 예수님이 제자들에게 돌아와 "너희가 나와 함께 한 시간도 이렇게 깨어 있을 수 없더냐"(마 26:40)라고 반문하시는 대목이 나온다. 한 인간으로서 마음이 몹시 무거워 친구들에게 약간의 지원을 부탁하셨건만, 와 보니 그들은 잠들어 있다.

그런데 온통 실망하신 중에도 그분은 무어라 말씀하시는가? 마태가 기록했듯이 "마음에는 원이로되 육신이 약하도다"(41절)라고 말씀하신다. 놀랍지 않은가? 그들을 어느 정도 이해해 주신 것이다. "너희가 나를 실망시켰으나 나는 너희의 선의를 아노라"는 뜻이다. 깊은 고뇌 중에도 그분은 용케 무언가를 찾아내 제자들을 인정해 주신다. 그날 밤 제자들이 잘못한 행동이 수두룩한데도 그분은 한두 가지 옳은 점을 찾아내 지목하신다. "예수께서 세상에 있는 자기 사람들을 사랑하시되 끝까지 사랑하시니라"(요 13:1).

이렇듯 예수님은 어떻게 살아가고 기도하고 사람을 대할 것인가에 대한 훌륭한 모본을 보이신다. 그러나 그분이 모본일 뿐이라면 우리에게 영향력을 행사할 수 없을 것이다. 너무 선하서서 아무도 그 기준에 부합할 수 없기 때문이다. 예수님은 단지 모본이 되려고 오신 게 아니라 구주로 오셨다. 그분은 우리 내면을 변화시켜 느리지만 확실히 자신의 형상을 닮아 가게 하신다. 우리에게 어떻게 살라고 말씀만 하시는 게 아니라 그렇게 살아갈 능력까지 주신다.

역설이지만 그분을 모본이 아닌 대속물로 보아야만 우리는 오히려 능력을 입어 그 모본대로 살아갈 수 있다.

대속물이 되신
예수 그리스도

어떻게 그리스도를 대속물로 볼 수 있는가? 겟세마네 동산의 주님을 바라보라. 이 모든 일을 주님은 모본이 아닌 대속물로서 당신을 대신해 당하셨다. 그 사실을 알면 예수님의 고난이 남의 일로 느껴지지 않을 것이다. 그리스도의 십자가는 곧 나와 가장 깊게 관계한다. 거기서 새 힘을 얻어 당신도 무력한 자기연민과 우유부단함에서 벗어나 시련에 맞설 수 있다.

예수님의 코앞에서 잔을 들고 "이 사람들을 위해 정말 이 잔을 마시려느냐"라고 물으시는 하나님을 생각해 보라. 이에 예수님은 "예"라고 답하신다. 이제 당신도 자신이 처량하게 느껴질 때마다 - "내가 이런 잔이나 마시고 있다니"- 이렇게 자신을 다독일 수 있다. "그래도 이것은 예수님의 잔과는 전혀 달라! 그분이 하신 일에 비하면 내가 겪는 일은 아무것도 아니야." 그래서 이렇게 기도할 수 있다. "주님, 주님은 저를 위해 무한한 고난도 참으셨습니다. 그러니 저도 훨씬 이런 고난쯤 당연히 주님을 위해 참을 수 있습니다."

그리스도의 능동적 순종이라는 가르침은 당신의 낮은 자존감에 변화를 가져와 새로운 안정과 균형을 갖게 한다. 예수님은 당신을 사면하셨을 뿐 아니라 '명예 훈장'까지 달아 주셨다. 그분을 믿는 사람은 용서받은 정도가 아니라 하나님께 아름답고 그분 안에서 의롭다고 칭함을 받는다. 이제 당신을 향한 비판이나 실패에 어떻게 반응할 것인가? 내가 나를 볼 게 아니라 그리스도 안에서 내가 누구인지를 보아야 한다. 일이 잘못되고 나서야 후회하며 반성하듯이, 우리는 체면을 살리기 위해 평판과 인정에 집착한다. 스스로 아름답고 중요하고 의로워져 자신을 입증하려 한다. 그런 표현을 쓰지 않을 뿐이다. 다시 말해서 중요한 짐을 예수님께 맡기지 않고 스스로 중요하고 고상하게 행동하려 한다. 그리스도 안에서 하나님이 우리를 어떻게 대하시는지를 제대로 알면 비난과 실패를 쉽게 이길 수 있다.

본문이 우리에게 주는 게 또 있다. 내가 아는 이들이 이런 말을 하곤 한다. "나는 그리스도를 따르겠지만 끝까지 버틸 수는 없을 것 같아. 나 자신을 못 믿겠거든. 그분도 내 실패에 질리실 거야." 부디 겟세마네 동산의 예수님을 보라. 당신을 향한 사랑으로 주님이 무엇을 견뎌내셨는지 보라. 예수님이 고난과 십자가를 피하셨다면 우리에게는 구원이 없고 형벌만 남았을 것이다. 우리를 향한 사랑으로 우주 최악의 일까지 다 감당하시고도 그 사랑은 요지부동이었다. 그런데 그 무엇으로도 당신을 향한 그분의 마음을 바꿀 수 없다.

예수님이 당신을 보시며 "더는 못 참겠구나! 무한한 실존적 고문은 당했다만, 그 이상은 나도 못하겠구나!"라고 말씀하시겠는가?

그 잔 앞에서도 우리를 포기하지 않으신 분이라면 말할 것도 없다. 그래서 바울은 "아무것도 우리를 그리스도의 사랑에서 끊을 수 없으리라"라는 취지로 말할 수 있었다(롬 8:38-39). 주님은 "내가 결코 너희를 버리지 아니하고 너희를 떠나지 아니하리라"(히 13:5)라고 말씀하신다.

당신이 평생 찾던 사랑이 여기 있다. 이 사랑만이 당신을 실망시키지 않는 과거에도, 현재도, 미래에도 변함없는 사랑이다. 이는 친구 관계나 부부애나 연애 감정이 아니라 당신이 추구하는 그 모든 이면에 존재하는 사랑이다. 이 능동적 순종의 사랑이 당신의 삶에 능동적 실체가 되면 당신은 예수님처럼 정직한 사람이 된다. 기도의 사람이 된다. 당신을 함부로 대하는 사람에게도 친절한 사람이 된다. 이 사랑이 있으면 당신도 좀더 예수님을 닮는다. 어둠 속에서 당신을 위해 죽으신 예수님을 보라. 그 사랑에 마음이 녹아 당신도 그분을 닮아 가라.

9

아버지의 오른편

승천의 의미

이제 우리는 예수 그리스도가 이 땅에서 보이신 마지막 행위에
이르렀다. 바로 하늘 아버지의 오른편으로 승천하신 일이다. 그간
의 모든 굵직한 사건 중에서도 가장 놀라운 일일 것이다. 우선 승천
은 이를 직접 목격한 제자들에게 당혹스러웠다. 아마 그들이 직접
목격했던 모든 기적 가운데 시각적으로 가장 뜻밖이었을 것이다.

승천의
참 의미

———

사도행전 1장 9-11절에 보면 "이 말씀을 마치시고 그들이 보는데 올려져 가시니 구름이 그를 가리어 보이지 않게 하더라"라고 했다. 그분이 올라가시는 동안 사도들은 전조등을 응시하는 사슴처럼 영문 모른 채 서서 하늘을 응시했다. "올라가실 때에 제자들이 자세히 하늘을 쳐다보고 있는데 흰옷 입은 두 사람이 그들 곁에 서서 이르되 갈릴리 사람들아 어찌하여 서서 하늘을 쳐다보느냐. 너희 가운데서 하늘로 올려지신 이 예수는 하늘로 가심을 본 그대로 오시리라 하였느니라."

제자들이 구름을 쳐다보며 서서 무슨 생각을 했는지는 몰라도 두 천사가 그들을 이렇게 살짝 꾸짖어야 했다. "다들 정신 차리라! 그분은 떠나셨고 장차 다시 오신다. 그때까지 너희가 할 일이 있으니 어서 움직이라." 처음부터 승천의 의미는 제자들에게 분명 수수께끼였다.

나아가 승천은 우리에게도 당혹스럽다. 우리의 경우 문제는 "이게 무슨 일인가?"라기보다 "왜 이런 일이 벌어졌는가?"이다. 승천 때문에 우리 영혼의 상태와 살아가는 방식은 정말 어떻게 달라지는가? '내려오신' 성육신이 있었으니 '되돌아가시는' 승천도 있음은 물론 당연한 일이다. 하지만 승천 때문에 우리 구원이나 삶의 방식이 달라진다는 사실이 분명히 와닿지는 않는다.

그런데 실제로는 엄청나게 달라진다. 승천을 제대로 이해하면 세상을 살아가는 우리에게 무엇으로도 대체할 수 없는 중요한 자원이 된다. 다른 어떤 종교나 인생 철학도 우리에게 주지 못하는 자원이다. 그러니 승천에 대해 사도들이 결국 터득한 내용을 살펴보자.

신약 여러 곳에 그들의 기록을 찾을 수 있다. 첫째, 승천이 신학적으로 무엇이며 둘째, 우리에게 실제적으로 어떤 의미인지 알아보려 한다. 우선 승천이란 무엇인가? 승천은 단지 예수님이 땅에서 하늘로 올라가신 일이 아니라 새로운 왕위에 올라 우리와 더불어 온 세상과 새로운 관계 속에 들어서신 사건이다.

무엇이 승천이 아닌가부터 생각해 보자. 승천은 단지 예수님이 지상을 떠나신 일이 아니다. 승천의 관건은 그분이 가신 곳이 하늘(heavens)이 아니라 천국(heaven)이라는 사실이다. 1961년에 소련 수상이 했던 말을 기억하는가? 그는 하늘에 비행사를 보냈으나 신이 보이지 않았으므로 틀림없이 신은 존재하지 않는다고 말했다. 이게 바로 승천을 단순히 고도 변화로 보는 시각이다. 그리스도와 아버지가 우주 공간 어딘가에 계신다는 식이다. 성경에도 하늘(heavens)이 나오긴 한다. 시편 19편에 "하늘[해와 달과 별]이 하나님의 영광을 선포"한다고 했다. 그러나 예수님은 별과 행성이 있는 하늘로 가신 게 아니라 천국으로 가셨다. 천국은 우주 궤도보다 훨씬 심오한 세계다.

승천의 동사형 단어(ascend)에서부터 시작하는 게 좋겠다. 알다시피 이 단어는 비행기처럼 위로 올라간다는 뜻이다. 그러나 이 단어를 사람에게 쓸 때는 흔히들 신중을 기한다. 예컨대 "사다리를 올라갔다"라고 말할 때 그 단어를 쓸 수도 있겠으나, 농담조가 아니고서야 대개 그런 일에 이런 거창한 단어를 쓰지는 않는다. 그냥 올라갔다는 뜻의 평범한 동사를 쓴다. 그러나 대관식을 말할 때는 당연히 그 단어를 쓴다. 왕위에 오르는 사람은 예식을 거쳐 정식으로 권한을 넘겨받는다. 연단에서 다시 계단을 말 그대로 올라가 높은 의자인 왕좌에 앉는다. 이렇게 "왕위에 올랐다"(ascended)라고 말할 때 그 단어가 쓰인다. 이 단어로 전달되는 의미는 고도 변화 이상이다. 왕은 물리적으로만 다른 사람보다 높은 게 아니라 그들과의 관계도 달라지고 권한을 행사할 권력과 특권도 새로 주어진다. 계단과 높은 의자는 상징일 뿐이다.

런던의 웨스트민스터 사원에는 에드워드 왕의 왕좌가 놓여 있다. 8백년간 영국 왕들과 여왕들의 대관식에 쓰인 의자다. 당신이 정말 계단을 올라가 그 왕좌에 앉는다 해도 실제로 왕위에 오르지는 못한다(오히려 웨스트민스터 사원에서 쫓겨날 것이다). 요지인즉 왕으로 즉위하는 요건은 물리적 고도 변화가 아니라(이 또한 예식에 포함되긴 하지만) 법적 지위와 관계의 변화다. 무조건 올라가 왕좌에 앉는다고 왕이 되는 게 아니다. 반대로 그 오래된 의자에 실제로 앉지 않고도 영국 왕이 될 수 있다.

예수님이 단지 아버지께로 돌아가려 하셨다면 그냥 사라지실 수도 있었다. 실제로 그러신 적이 여러 번 있었다. 예컨대 엠마오 도상의 그분은 제자들 앞에서 순식간에 사라지셨다. 그런데 승천하실 때는 구름 속으로 떠올라 아득히 저 위로 멀어지셨다. 왜 그러셨을까? 추측해 볼 수 있을 따름이지만 대관식과 같은 이유에서였을 수 있다. 공간적 상승은 높아진 권위와 관계의 상징이었다. 예수님은 우주적 영적으로 벌어지는 일을 물리적으로 재현하셨다.

그 일은 무엇이었던가? 이제 유일한 신인(神人, God-man) - 온전한 인간이자 온전한 신 - 이신 그분은 새 왕이자 인류의 머리로서 좌정하러 가셨다. 이 부분에서 기독교 신학은 우리를 사고와 상상의 틀 밖으로 떠민다.

영광스런
종말을 향하여

하나님의 영원한 아들은 '육신이 되'실 때 온전한 인간이 되셨다. 부상과 죽음을 면하실 수 없을 뿐더러 시공의 제약에도 매이셨다. 부활하신 후에도 예수님은 손으로 만져졌고 평소처럼 음식을 드셨다. 누가복음 24장 39절에 그분은 "영은 살과 뼈가 없으되 너희 보는 바와 같이 나는 있느니라"라고 하시며 자신이 여전히 인간임을 보여 주셨다. 그런데도 그분은 달라져 있었다. 문이 닫혀 있어도 나타나셨고(요 20:19) 그냥 사라지기도 하셨다(눅 24:31). 그분은 여전히 인간이셨으나 근본적 변화를 겪으셨다. 미래의 우리 모습이기도 하다. 바울의 말대로 예수님은 죽은 자들의 '첫 열매'시다(고전 15:20). 그분을 믿는 사람은 결국 그분처럼 부활한다. 그때 우리 인간의 몸은 죄와 악에 망가지기 이전의 상태로 회복되고 보강된다. 썩거나 죽지도 않는다. 현재로서는 상상할 수 없는 새로운 능력과 감각도 분명히 많아질 것이다.

승천으로 달라진 게 또 있다. 인간으로 세상의 시공 속에 존재하시는 한 예수님은 한번에 한 곳에밖에 계실 수 없다. 그분의 말씀을 듣거나 그분과 교제하거나 그분을 경험하려는 사람은 그 시간에 그 자리에 있어야만 한다. 그러나 승천하신 예수님은 시공의 제약을 벗어나 아버지의 임재 속에 들어가셨다. 여전히 인간이고 둘째 아담이고(고전 15:22) 우리의 대언자(advocate)시지만, 이제 한없이 영화로워져 그분이 하시는 일마다 우주적 규모다. "그 손과 몸의 상처가 영광 중 빛나네"라고 한 찬송가 가사와 같다.[1] 루이스 벌코프(Louis Berkhof)가 《벌코프 조직신학》(Systematic Theology)에서 말했듯이 그분은 "천국의 충만한 영광 속에 들어가 천국 생활에 온전히 적응하셨다."[2] 그래서 그분이 하시는 일은 시공의 제약을 일체 벗어난다. 이제 더는 그분의 사역을 받기 위해 하나의 지리적 장소로 갈 필요가 없다. 그분은 이전에 하시던 모든 일을 여전히 하시지만, 승천하신 지금은 어느 곳의 누구라도 그 일을 동시에 접할 수 있다. 승천으로 우리는 그분의 친밀하심과 지도와 변호를 잃은 게 아니라 오히려 이 모두를 확대된 상태로 무한히 누릴 수 있게 되었다.

신학적으로 말하자면 지금 예수님은 전 세계를 상대로 (천국에서) "자신의 중보 사역을 적극 지속하신다."[3] 그분은 여전히 선지자로서 말씀으로 우리를 가르치고 교훈하시되 이제 성령을 통해 어디서나 하신다. 그분은 여전히 왕이시되 이제 자기 백성에게 주신 은사 (엡 4:4-16) - 이끌고 섬기고 구제하고 가르치고 다스리고 베푸는 등의 은사 - 를 통해 교회 전체를 인도하고 지도하신다. 그분은 여전히 제사장으로서 우리를 상담하고 지원하시되 이제 아버지의 면전에서 우리를 대변하신다.

마태복음 26장 64절과 사도행전 2장 33-36절에 나와 있듯이 예수님은 승천하여 아버지의 '우편'으로 가셨다. 고대에 왕의 우편에 앉는 사람은 왕의 총리와 같아서 왕권을 행사하여 실제 법과 정책으로 통치했다. 그래서 이 말은 예수님이 승천하여 통치를 시작하셨다는 뜻이다. 다만 승천이 곧 왕의 즉위라는 이 개념에는 부연 설명이 필요하다. 예수님은 하나님이시므로 늘 왕이셨고 늘 우리를 다스리실 권한이 있었다. 그런데 이제 부활하여 승천하신 신인(神人, God-man)으로서 천국에서 교회의 머리가 되시고 다른 모든 통치자와 주관자까지 다스리신다.

즉 "만물 위에 교회의 머리"시다(엡 1:21-22). 이 일을 그분은 특히 성령의 역사를 통해서 하시는데, 이에 대해서는 죽기 전날 밤 친히 제자들에게 자세히 설명하신바 있다(요 14-17장). 이는 또 그분이 모든 역사를 통치하고 지배하여 최종 목표점을 지향하신다는 뜻이다. 그때가 되면 하나님의 새 백성인 교회가 완전히 최종 해방됨과 아울러 세상도 온통 새로워진다(롬 8:18 이하). 그때가 되면 더는 고난이나 악이나 죽음도 없다. 예수님의 구원과 회복 사역이 완성되기 때문이다. 요컨대 지금 예수님은 새 하늘과 새 땅을 이룰 우주 변혁 계획을 지휘하시는 중이다(사 65:17-25). 승천하신 주님은 사람들의 심령에 역사하여 복음을 전파하고 교회를 세우시는 한편 역사의 모든 사건을 영광스러운 종말 쪽으로 이끌어 가신다.

우리로 하여금
사모하게 하신다

지금까지 승천이 무엇인지 살펴보았다. 그렇다면 그것은 우리에게 실제적으로 어떤 의미가 있는가? 우리의 일상생활에 어떤 영향을 미치는가? 여기서 일일이 다 살펴볼 수 없을 만큼 의미가 많지만 그중 세 가지 중요한 점을 생각해 보자.

첫째, 승천하신 그리스도는 누구나 사랑으로 소통하며 교제할 수 있는 대상이다. 5장에 보았듯이 막달라 마리아는 빈 무덤 근처에서 부활하신 그리스도를 만났을 때 그분을 붙들었다. 그 사건을 다시 보자.

예수님은 자신을 붙드는 그녀에게 "나를 붙들지 말라. 내가 아직 아버지께로 올라가지 아니하였노라"(요 20:17)라고 말씀하신다. 무슨 뜻인가? 어떤 이들은 마치 예수님이 신성해서 "나를 만져서는 안 되느니라"고 말씀하셨다고 본다. 이 이론의 문제점은 요한복음 20장 말미에 그분이 도마에게 자신을 만져 보라고 말씀하신 것이다. 그렇다면 무슨 뜻으로 하신 말씀일까? "나를 붙들지 말라"에 쓰신 동사는 '꽉 쥔다'는 뜻이다. 마리아는 온 힘을 다해 그분을 붙들었다. 스승과의 소중한 관계를 그분의 죽음으로 잃었었는데 이제 살아나셨으니 다시는 잃지 않겠다고 생각했을 것이다.

그러나 틀린 생각이었다. "나를 붙들지 말라 내가 내 아버지[께로] 올라간다"는 말씀은 그분이 승천하시면 마리아에게 더 굳건한 사랑의 관계가 주어진다는 뜻이다. 왜 그럴까? 그러면 그분이 그녀와 가끔 포옹하시는 정도가 아니라 정말 영영 떠나지 않고 늘 그녀의 심중에 계시기 때문이다. 내 생각에 그분의 말씀의 골자는 이렇다. "마리아야, 스승이요 친구인 나를 다시는 잃고 싶지 않은 네 마음은 나도 아느니라. 하지만 내막을 제대로 알면 너도 깨닫겠거니와 내가 승천하면 항상 영원히 네 곁에 있으리라. 마리아야, 내가 지금 이대로 있으면 너는 나를 잃을 수도 있느니라. 누가 너를 옥에 가둔다면 내가 따라갈 수 없겠으나 아버지께로 승천하면 영원히 네 곁에 있으리라. 네가 가장 깊고 어두운 지하 감옥에 갇힌다 해도 거기서도 내가 함께하리니 그 친밀한 교제가 너의 것이니라. 그 무엇도 너에게서 나를 빼앗을 수 없느니라."

어거스틴(Augustinus)은 그것을 이렇게 표현했다. "주께서 우리 눈앞에서 승천하시어 우리는 슬프게 돌아섰으나 알고 보니 주님은 우리 마음속에 계셨나이다."[4] 예수님은 마리아에게 "내 손을 놓으면 맞잡은 손보다 더 좋은 것을 주리니 곧 내 마음이 네 마음 안에 살리라"고 말씀하신다.

감상적으로 들릴 수 있음을 나도 안다. 우리에게 익숙해진 이런 식의 표현은 영화와 대중가요에 나온다. 그래서 당신의 사고는 나의 이런 말을 자연히 연애 소설의 범주에 끼워 넣는다. 그러나 예수님의 승천으로 가능해진 일은 그런 장면과는 전혀 다르다. 영원히 함께하신다는 약속을 능히 지키실 분은 그분뿐이며, 이 약속은 낭만적 행복을 초월한다. 성경은 예수님이 능력으로 우주의 보좌에서 "우리로" 그분을 "사모하게 하"신다고 가르친다.[5] 에베소서 2장 6절에 따르면 신자는 그리스도와 연합했으므로 신비롭게도 이미 그분과 "함께 하늘에 앉"아 있다. 적어도 이는 성령을 통해 우리의 감정 - 마음속 심연의 갈망과 동경 - 이 그리스도와 생생히 교류하며 그분으로 만족할 수 있다는 뜻이다.

그 생생함은 이루 말할 수 없다. 18세기의 위대한 목회자요 신학자인 조나단 에드워즈는 "신앙고백"(Personal narrative)이라는 글에 자신의 기도와 묵상의 삶을 담아냈다. 다음은 그중 한 대목이다.

나는 수시로 도시에서 떨어진 허드슨 강둑의 한적한 곳으로 물러나 거룩한 세계를 묵상하고 하나님과 은밀한 대화를 나누며 달콤한 시간을 보냈다. 그때도 역시 어떤 책보다도 성경에서 가장 큰 기쁨을 얻었다. 성경을 읽노라면 자주 단어 하나하나마다 다 마음에 와닿는 듯했다. 내 깊은 내면과 달콤한 능력의 말씀이 서로 조화를 이루는 느낌이었다. 문장마다 드러나는 빛이 너무 눈부시고 아주 신선한 양식이 공급되어 더 읽지 못할 때도 많았다. 대개 한 문장을 오래 묵상하며 그 속에 담긴 경이에 주목했으나 그래도 경이는 거의 문장마다 가득해 보였다.[6]

그렇게 그리스도와 교제를 나누던 어느 한때의 최절정을 에드워즈는 이렇게 기록했다.

한번은 1737년에 요양차 말을 타고 숲에 들어갔다가 한적한 곳에서 내려 평소처럼 걸으며 하나님을 묵상하고 기도했다. 문득 하나님과 인간 사이의 중보자이신 하나님의 아들의 비범한 영광이 보였다. 그 은혜는 놀랍고 고맙고 순전하고 달콤했으며 그 겸손은 온유하고 푸근했다. 평온하고 달콤하면서도 하늘보다 커 보이는 은혜였다. 그리스도의 인격은 형언할 수 없이 탁월하여 내 모든 생각과 개념을 삼켰는데, 그렇게 아마도 한 시간 정도 지속되는 동안 거의 내내 눈물을 주체할 수 없었다. 영혼의 열망이 느껴졌다. 말로 표현할 수 없게 비워져 스러지고 싶었고, 티끌 속에 엎드려 그리스도만으로 충만해지고 싶었고, 거룩하고 순전한 사랑으로 그분을 사랑하고 싶었고, 그분을 신뢰하고 섬기고 따르고 의지하며 살고 싶었고, 천국의 신성한 순결로 온전히 순전하게 성화되고 싶었다. 아주 비슷한 경험이 몇 번 더 있었는데 늘 똑같은 감동을 받았다.[7]

그러면 당신은 "소수의 특이한 성인은 늘 있지 않은가. 그들은 특별해서 예수님이 아주 절절히 느껴진다"라고 말할지 모른다. 하지만 이는 당신이 승천의 진리를 잘 모른다는 증거다. 바울은 그리스도의 사랑이 그리스도인의 한 증표로 "우리 마음에 부은 바 됨"이라 했고(롬 5:5), 또 그 무엇도 우리를 예수님의 사랑에서 끊을 수 없는 이유가 그분이 "하나님 우편에 계신 자요 우리를 위하여 간구하시는 자"시기 때문이라 했다(8:34). 그리스도가 승천하셨기에 우리는 그분의 임재를 알 수 있다. 성령을 통해 그분은 실제로 우리에게 말씀하시고, 가르치시며, 우리 마음에 사랑을 부어 주신다. 그분의 임재는 선택된 집단 즉 신비롭게 주파수가 맞추어져 있거나 정서적으로 예민하거나 도덕적으로 흠 없는 성인들만의 것이 아니다. 천만의 말이다. 예수님이 시공의 제약을 벗어나 천국에 입성하신 목적은 누구의 삶 속에나 들어가 밝고 생생하게 사랑과 인격적 소통을 나누시기 위해서다.

둘째, 승천하신 그리스도는 완전히 인격적이실 뿐 아니라 권능자시다. 그분은 교회를 위해 만물을 주관하시며, 그로 인해 우리는 평안한 마음으로 세상에 직면할 수 있다. 에베소서 1장에 보듯이 성부 하나님은 그리스도를 "죽은 자들 가운데서 다시 살리시고 하늘에서 자기의 오른편에 앉히사 모든 통치와 권세와 능력과 주권 위에 뛰어나게 하시고 또 만물을 그의 발아래에 복종하게 하시고 그를 만물 위에 교회의 머리로 삼으셨다". '교회의'라는 표현에 주목하라. 이 본문에 따르면 당신을 위해 죽으신 분은 지금 하나님 보좌의 오른편에 계실 뿐 아니라 거기서 역사의 실무를 주관하고 만물을 지휘하시되 교회의 유익을 위해 그리하신다. 당신이 그분께 속해 있다면 무슨 일이 벌어지든 결국 당신을 위한 일이다.

17세기의 하이델베르크 요리문답은 독일의 초창기 개신교에서 성경의 가르침을 요약하여 작성한 것인데, 그중 46답에 보면 그리스도는 하늘로 올려져 "우리의 유익을 위하여 거기에 계시며 장차 살아 있는 자들과 죽은 자들을 심판하러 다시 오실 것"이다. 그야말로 바울이 에베소서 1장에 한 말을 압축한 표현이다. 예수님의 승천은 그분께만 아니라 우리에게도 큰 영광이다. 그분은 천국에 가셔서 우리의 유익을 위해 일하신다.

예수님의 이런 성품을 보여 주는 다른 대표적 본문은 로마서 8장 28절이다. "우리가 알거니와 하나님을 사랑하는 자 곧 그의 뜻대로 부르심을 입은 자들에게는 모든 것이 합력하여 선을 이루느니라." 여기서 중요하게 주목할 단어는 "합력하여"다. 덕분에 이 말씀은 축하 카드에 등장하는 희망 사항의 범주를 벗어난다. 바울의 말은 당신에게 벌어진 모든 악한 일이 사실은 선하다든지 인생사 새옹지마라는 뜻이 아니다. 영원의 관점에서 전체 역사를 되돌아보면 밝혀지듯이, 정말 악한 일조차도 하나님께 통합되고 선용되어 결국 본의와 정반대의 결과만을 낳는다는 뜻이다. 그때 보면 알겠지만 악한 일이 없었을 때보다 오히려 악한 일 때문에 결국 영광과 선이 더 많아진다. 그 축소판이자 단적인 예로 요셉의 형들이 있다. 그들은 요셉과 및 다른 사람들에게 큰 악을 저질렀지만 결국 요셉의 말처럼 "당신들은 나를 해하려 하였으나 하나님은 그것을 선으로 바꾸"셨다(창 50:20). 또 다른 사례는 욥의 이야기다. 욥기 서두에 사탄은 하나님의 허락을 받아 욥을 공격한다. 그러나 결국 사탄의 음모는 오히려 성경의 한 책을 탄생시켜 고금의 허다한 무리가 그 책에 힘입어 고난 중에도 하나님께 충실했다. 사탄이 의도했던 바는 아니잖은가? 항상 그런 식이다. 이 원리의 궁극적 사례는 거부와 배신과 고문과 죽임을 당하신 예수님 자신의 운명이다. 어둠의 세력이 그분을 멸하려 달려들었으나 오히려 보란 듯이 자멸을 초래했을 뿐이다(골 2:15).

예수님이 모든 것을 합력하여 당신의 선을 이루신다는 말은 악한 일만 아니라 작은 일도 그분의 계획에 들어 있다는 뜻이다. 사역을 준비하던 신학생 시절에 나는 어느 교단에 속해야 할지 잘 몰랐다. 세례와 예정론 같은 특정 이슈에 대해 내 입장이 분명하지 않았기 때문이기도 하다. 신학교 마지막 학기에 한 교수가 내게 몇몇 핵심 이슈에 대한 장로교의 입장을 납득시켰다. 이를 계기로 나는 장로교인이 되었고, 결국 부르심을 받고 맨해튼에 와서 새로운 회중인 리디머장로교회를 개척했다. '하나님의 계획'을 가르칠 때면 나는 이 일을 예화로 들곤 한다.

오늘 내가 뉴욕 시에 있는 이유는 (그 도시에서 내 말을 듣고 있는 청중에게 하는 말이다) 한 특정한 신학교 교수가 나로 하여금 장로교 목사가 되도록 설득했기 때문이다. 영국 시민인 그가 하필 그 학기에 가르친 이유는 교원 비자가 발급되었기 때문인데, 비자를 받기가 너무 까다로워 미국에 오기를 거의 포기했을 때 국무부의 어떤 사람이 신청 과정을 도와주었다. 그게 가능했던 이유는 당시의 대통령 일가의 일원이 우리 신학교에 다니고 있었기 때문이다. 그 일가가 백악관에 입성한 이유는 전임 대통령이 하야했기 때문이다. 그가 하야해야 했던 이유는 워터게이트 도청 사건 때문이었다. 워터게이트 사건이 발각된 이유는 순전히 잠기지 않은 문 하나가 어느 야간 경비원의 눈에 띄었기 때문이다. 문이 잠겨 있었고 사건이 발생하지 않았고 정권이 바뀌지 않았다면 내가 그 교수에게 배울 일도 결코 없었을 것이다.

이 대목에서 나는 청중에게 묻는다. "리디머교회가 존재하여 기쁘십니까?" 고개를 끄덕이는 그들에게 "그렇다면 워터게이트는 당신을 위해 발생했습니다"라고 답해 준다. 물론 그 사건이 벌어진 데는 다른 이유도 수없이 많다. 하나님의 계획은 복잡하여 우리가 다 이해할 수 없다. 다만 이는 결국 당신이 평안하게 쉴 수 있다는 뜻이다. 당신을 위해 죽으신 그분이 아버지의 오른편에서 만사를 주관하신다. 지금도 그분의 손에는 당신을 위해 고난당하신 표인 못 자국이 남아 있다. 당신은 쉴 수 있는가? 아니면 불안한가? 삶이 너무 벅차게 느껴지는가? 혼자서 재주를 부려야 하는가? 그렇다면 당신은 승천을 믿지 않거나 자원으로 활용하지 못하는 것이다.

끝으로, 승천하신 그리스도 덕분에 당신은 하나님 아버지께서 당신을 용서하시고 받아 주시고 기뻐하심을 확실히 알 수 있다. 신약에 따르면 예수님의 승천은 그분이 대제사장으로서 하나님의 정의의 보좌 앞에서 우리를 대변하신다는 뜻이다. 바울은 법률 용어를 써서 예수님이 우리를 위해 '중재'(중보)하신다고 표현했다. 그분 자신도 제자들에게 우리의 대언자로서 중보를 약속하셨는데, 승천하신 덕분에 그 약속을 지키실 수 있다. 이 개념이 히브리서 7장과 요한일서 2장에 이렇게 표현되어 있다.

> 이러한 대제사장은 우리에게 합당하니 거룩하고 악이 없고 더러움이 없고 죄인에게서 떠나 계시고 하늘보다 높이 되신 이라. 그는 저 대제사장들이 먼저 자기 죄를 위하고 다음에 백성의 죄를 위하여 날마다 제사 드리는 것과 같이 할 필요가 없으니 이는 그

가 단번에 자기를 드려 이루셨음이라 그러므로 자기를 힘입어 하나님께 나아가는 자들을 온전히 구원하실 수 있으니 이는 그가 항상 살아 계셔서 그들을 위하여 간구하심이라(히 7:26-27, 25).

만일 누가 죄를 범하여도 아버지 앞에서 우리에게 대언자가 있으니 곧 의로우신 예수 그리스도시라. 그는 우리 죄를 위한 화목 제물이니(요일 2:1-2).

예수 그리스도가 제사장과 대언자와 중보자라는 은유는 그분이 아버지의 우편에 계신다는 신비롭고도 매우 중요한 은유에서 연장되어 나온다. 누구든지 보좌의 오른편에 있는 사람은 왕의 뜻을 실행할 권한이 있을 뿐 아니라 왕의 귀로 듣기도 한다. 그래서 보좌의 법정에 어떤 사람이나 사건이 회부될 때, 그 오른편에 있는 사람보다 더 확실한 대언자가 있을 수 없음은 물론이다.

스데반이
알고 있던 것
———

앞서 말했듯이 당신이 심판대에 서야 한다면 모든 것은 변호사인 대언자에게 달려 있다. 대언자가 해박하면 당신도 해박해 보인다. 그의 변론이 이기면 당신도 승소한다. 대언자가 법을 잘 알고 법정에서 크게 존경받으면 당신의 재판은 안전하다. 그래서 예수님이 우주의 보좌 앞에 우리를 대변하시는 대언자라는 성경 말씀은 그분이 단순히 공중으로 올라가신 게 아니라 승천하셨다는 뜻이다. 당신이 어떤 사람이었고 어떻게 살았는지는 중요하지 않다. 흠 많고 어리석어도 상관없다. 하나님 아버지는 당신을 보실 때 승천하신 예수님을 보시고, 당신의 말을 들으실 때도 예수님의 말씀을 들으신다. 당신을 보고 들으실 때 그분은 무한한 아름다움을 보고 들으신다. 사도행전에 설교자 스데반의 이야기가 나오는데 그는 날조된 죄목으로 사형에 처해진다. 무리가 그를 돌로 쳐 죽이려 할 때 그는 문득 환상을 보며 말한다. "보라, 하늘이 열리고 인자가 하나님 우편에 서신 것을 보노라"(행 7:56). 그가 본 예수님은 우편에 앉아 계시지 않고 그를 위해 서서 변호하신다. 스데반의 얼굴이 시종 천사와 같았다고 했다(6:15).

왜인지 아는가? 그를 위해 죽으신 분이 이제 승천하여 우주의 법정에서 그를 대변하심을 스데반은 - 특히 생의 마지막 순간에 - 알았다. 그게 얼마나 중요한지도 참으로 알았다. 그래서 자신에 대해 남들이 무어라 말하든 신경 쓸 게 없었다. 세상 법정의 판결은 중요하지 않았다. 하늘 법정이 자신을 어떻게 대하는지 알았기 때문이다. 그 법정만이 중요했고 그곳의 판결만이 영원할 터였다. 막강한 적들이 그를 부정하다고 욕해도 상관없었다. 하나님 보시기에 자신이 정결함을 알았기 때문이다. 한때 심리학계에서 즐겨 사용하던 문구를 빌려 말해 보려 한다. 스데반은 진정한 자아실현을 이룬 사람이었다. 그렇기 때문에 자신을 죽이려는 사람도 용서할 수 있었다(7:60).

이유가 무엇일까? 승천의 의미를 알았기 때문이다. 당신도 승천의 의미를 아는가? 그분을 믿으면 그분이 영영히 살아 계셔서 당신을 위해 중보하신다.

성경에 가능하다고 말한 대로 당신은 승천하신 그리스도와 소통하며 교제하는가? 아버지의 오른편에 당신을 위해 만물을 주관하시는 구주가 계시다. 그 사실을 아는 데서 오는 마음의 평화가 있는가? 하나님의 오른편에 중보하시는 그리스도가 계시다. 그 사실을 아는 데서 오는 부동의 기쁨과 자아상이 있는가? 예수 그리스도는 보좌의 오른편에 올라 우리의 선지자와 왕과 제사장이 되셨다. 그분은 우주적 규모로 우리의 절친한 친구요 지도자요 중보자시다. 당신이 아는 예수님은 그런 분인가? 당신도 스데반처럼 힘차게 살다가 죽고 싶다면 직접 승천의 교리에서 힘을 얻으라.

10

마리아의 용기

미리 만나지 못해도 순종함

　마지막 장에서는 수태고지 이야기를 보려 한다. 마리아가 메시아를 낳을 것을 천사가 그녀에게 알려 준 사건이다. 엄밀히 말해서 이 사건은 예수님의 일생에 속하지 않으며 물론 앞서 보았던 모든 사건보다 시간적으로 앞선다. 이를 살펴보려는 이유는 무엇이며, 왜 하필 순서도 마지막인가? 천사의 메시지에 대한 마리아의 반응에 예의 주시하려는 까닭은 여러 모로 그녀가 우리와 비슷하기 때문이다.

마리아
이야기
___

지금 우리와 마찬가지로 마리아는 육신을 입으신 예수님을 만나기 전이었다. 그런 그녀에게 예수님에 대한 메시지가 주어진다. 기본적으로 예수님이 누구시며 무슨 일을 하실지에 대한 복음의 메시지다. 그런데 마리아의 반응이 놀랍고 감동적이다. 이 훌륭한 모범을 통해 우리도 이 책 1-9장에서 예수님에 대해 읽은 모든 내용에 어떻게 반응해야 할지를 요긴하게 깨우칠 수 있다.

누가복음 1장에 수태고지가 이렇게 기록되어 있다.

여섯째 달에 천사 가브리엘이 하나님의 보내심을 받아 갈릴리 나사렛이란 동네에 가서 다윗의 자손 요셉이라 하는 사람과 약혼한 처녀에게 이르니 그 처녀의 이름은 마리아라 그에게 들어가 이르되 은혜를 받은 자여 평안할지어다 주께서 너와 함께하시도다 하니 처녀가 그 말을 듣고 놀라 이런 인사가 어찌함인가 생각하매 천사가 이르되 마리아여 무서워하지 말라 네가 하나님께 은혜를 입었느니라 보라 네가 잉태하여 아들을 낳으리니 그 이름을 예수라 하라 그가 큰 자가 되고 지극히 높으신 이의 아들이라 일컬어질 것이요 주 하나님께서 그 조상 다윗의 왕위를 그에게 주시리니 영원히 야곱의 집을 왕으로 다스리실 것이며 그 나라가 무궁하리라 마리아가 천사에게 말하되 나는 남자를 알지 못하니 어찌 이 일이 있으리이까 천사가 대답하여 이르되 성령이 네게 임하시고 지극히 높으신 이의 능력이 너를 덮으시리니 이러므로 나실 바 거룩한 이는 하나님의 아들이라 일컬어지리라 보라 네 친족 엘리사벳도 늙어서 아들을 배었느니라 본래 임신하지 못한다고 알려진 이가 이미 여섯 달이 되었나니 대저 하나님의 모든 말씀은 능하지 못하심이 없느니라 마리아가 이르되 주의 여종이오니 말씀대로 내게 이루어지이다 하매 천사가 떠나가니라 이때에 마리아가 일어나 빨리 산골로 가서 유대 한 동네에 이르러 사가랴의 집에 들어가 엘리사벳에게 문안하니 엘리사벳이 마리아가 문안함을 들으매 아이가 복중에서 뛰노는지라. 엘리사벳이 성령의 충만함을 받아 큰 소리로 불러 이르되 여자 중에 네가 복이 있으며 네 태중의 아이도 복이 있도다 내 주의 어머니가 내게 나아오니 이 어찌된 일인가 보라 네 문안하는 소리가 내 귀에 들릴 때에 아이가 내 복중에서 기쁨으로 뛰놀았도다 주께서 하신 말씀이 반드시 이루어지리라고 믿은 그 여자에게 복이 있도다(눅 1:26-45).

예수님의
정체

———

천사가 알려주는 예수님의 정체는 무엇인가? 이 메시지에서 예수님은 지극히 높으신 이의 아들로 칭해진다. 고대 언어에서 상대를 닮거나 굳게 믿으면 그 사람의 아들이라 칭하는 경우가 있었다. 요한복음 8장에 예수님이 종교 지도자들과 격론을 벌이시는데, 그들이 아브라함의 자손이자 하나님의 자녀로 자처하자 예수님은 그들이 마귀처럼 거짓말하므로 마귀의 자식이라고 반박하신다!

하지만 본문에서 예수님의 호칭은 그분이 단지 하나님을 따르신다는 뜻 그 이상이다. 천사가 "영원히 야곱의 집을 왕으로 다스리실 것"이라고 덧붙인 데서 알 수 있다. 영원하다니? 이어 천사는 마리아가 믿기 힘들 줄을 알았던지 같은 말을 다르게 "그 나라가 무궁하리라"라고 반복한다. "정말 영원하다는 뜻이니라"라는 말이다. 요컨대 이 약속대로 태어날 아이는 정치적 왕일 뿐 아니라 그분의 나라를 영원히 지속하기 위해 오신 분이다. 유한한 인간 이상이라는 암시가 실제로 짙게 풍긴다.

천사는 또 "지극히 높으신 이의 능력이 너를 덮으시리니"라고 말한다. 신비롭고 매혹적인 말이 아닌가? "너를 덮으시리니 이러므로 나실 바 거룩한 이는" - 원문에는 거룩하다는 형용사 앞에 정관사만 붙어 있다 - "하나님의 아들이라 일컬어지리라." 보다시피 이 영원한 초자연적 존재는 기적적 출생을 통해 세상에 오신다. 하나님의 그 아들이 이름이며, 그는 단지 성품이 하나님을 똑같이 닮아서가 아니라 마리아 안에 하나님의 신성 자체가 물리적 형태로 잉태된다고 하였다. 그러므로 태어날 이는 완전히 거룩하여 조금도 죄가 없으며 신이자 인간으로서 영원히 사신다. 그야말로 믿을 수 없으며 놀랄 발언이다. 이른바 성육신 교리의 멋지고 간명한 요약이기도 하다. 하나님의 아들이 인성과 육신을 취하여 세상에 태어나심으로써 하나님이 성육신하셨다.

우리가 예수님에 대해 배우는 또 하나는 그 이름의 뜻에 관한 것이다. '예수'라는 이름은 '구원하시는 하나님'이라는 뜻이다. 이보다 더 적합한 이름은 상상할 수 없다. 모든 타종교의 창시자는 세상에 태어난 인간일 뿐이며 구원의 길을 보여 주는 길잡이에 불과하다. 아무도 신은커녕 하다못해 구주나 구속자로 자처한 적이 없다. 그런데 성경은 예수님이 유일한 구원의 길이라고 말한다. 그분은 우리가 살아야 할 삶을 사실 뿐 아니라 죄로 인한 우리 몫의 죽음까지 당하신다. 이렇듯 이 아이의 이름만으로도 기독교 전반과 특히 예수님의 독특성을 볼 수 있다. 역시 한마디 말과 이름 하나 속에 광대한 진리가 들어 있다.

모든 종교가 기본적으로 같다는 말은 위의 메시지 때문에 이미 불가능해졌다. 그럼에도 불구하고 우리 사회 전반에는 그러한 주장이 마치 정통인 것처럼 굳어졌다. 모든 종교가 똑같이 틀렸다는 이들도 있고 모든 종교가 똑같이 옳다는 이들도 있다. 그런 입장을 취하는 동기는 충분히 이해된다. 위험한 독선적 태도를 예방하기 위해서다. 기독교인을 포함한 많은 종교인이 그런 태도를 취했다가 비참한 결과를 불러 왔다. 그러나 기독교가 근본적으로 여타 종교와 같다는 주장은 전혀 성립되지 않는다. 기독교를 제외한 다른 모든 종교가 펴지 못했던 주장이 신약성경에서는 거의 모든 쪽에서 나온다. 즉, 성경은 예수님에 대하여 너무 많은 곳에서 말하기 때문에 오히려 발견하기 어려울 정도다.

일례로 엘리사벳이 마리아에게 하는 말을 보라. 위 기사의 마지막 절에 그녀는 천사가 전한 바 "주께서 하신 말씀"을 믿은 마리아에게 복이 있다고 말한다. 그런데 그 직전에는 마리아를 "내 주의 어머니"라고 부른다. 놀랍다. 아직 태어나지도 않은 아이가 어떻게 그 아이에 대한 메시지를 마리아에게 보내신 주님이실 수 있는가? 엘리사벳이 성령의 능력으로 예언한 말임을 잊지 말라. 무슨 의미인지 필시 자신도 다 몰랐을 것이다. 그래도 태어날 아이가 곧 마리아에게 메시지를 보내신 영원한 주 하나님이시라는 암시만은 분명하다. 놀랍도록 충격적인 주장이다.

신에 대한 히브리인의 관념은 타문화와 매우 달랐다. 예수님이 하나님이라는 성경 말씀은 만인 안에 불어넣으신 하나님의 생기가 그분께 더 많다는 뜻이 아니다. 히브리인에게 하나님이란 만물의 일부인 비인격적 힘이 아니라 만물 위에 만물보다 먼저 존재하신 영원한 창조주시다. 인격적으로 내재하면서도 무한히 초월적인 유일신이시다. 이런 하나님관을 품고도 예수님을 하나님이라 부른다는 것은 경악할 일이었다. 하지만 이거야말로 예수님이 인식하신 자신의 정체의 중핵이며 그분의 모든 가르침에 깔려 있다. 그러므로 당신은 예수 그리스도가 성경의 주장대로 육신으로 오신 유일한 창조주 하나님이라고 말하든지 아니면 그분의 주장이 틀렸거나 거짓말이라고 말하든지 둘 중 하나여야 한다. 전자라면 기독교가 타종교보다 하나님을 더 잘 계시해 주지만, 후자라면 그분과 그분의 추종자가 하나님을 오히려 더 잘못 대변하는 것이다. 어쨌든 기독교가 타종교와 같을 수는 없다.

몇 년 전에 나는 어느 무슬림 성직자와 함께 공개 토론회를 열어 대학생들 앞에서 서로의 차이점을 논했다. 한 학생이 "20분 동안 양쪽의 말을 들었는데 실질적인 차이를 전혀 모르겠습니다. 두 종교의 다른 점이 보이지 않아요. 기본적으로 양쪽 다 신은 사랑이시며 우리는 신과 이웃을 사랑해야 한다는 말 같습니다"라고 자꾸 우겼다. 이 학생에 대한 그 성직자와 나의 반응은 완전히 일치했다. 두 종교가 같다는 말이 언뜻 관용처럼 보이지만, 우리 둘 다 부드럽게 논박했듯이 그 학생은 충분히 존중하는 자세로 각 종교의 독특성을 경청하지 않았다.

기독교와 이슬람교의 각기 독특한 주장은 가장 핵심적인 가르침에서부터 상충된다. 그래서 우리의 결론은 두 종교가 얼마든지 서로의 지혜를 존중할 수는 있어도 가장 깊은 차원에서 양쪽 다 옳을 수는 없다는 것이었다. 그런데도 그 학생은 모든 종교가 근본적으로 같다는 입장을 고수했다.

얄궂게도 그 청년은 여느 인습적인 종교 신봉자만큼이나 아주 독단적이고 관념적이며 우월감에 젖어 있었다. "나는 종교를 제대로 보는데 당신들은 그렇지 못하군요. 내게는 양쪽이 같아 보이는데 당신들은 볼 줄 모릅니다. 나는 영적으로 깨달았는데 당신들은 아닙니다"라고 말한 셈이다. 그런데 나중에 그와 잠깐 대화해 보니 결국 배후 동기는 두려움이었다. 특정 종교의 독특한 주장을 인정하면 그 주장이 옳은지 여부를 판가름해야 하는데, 그는 고민하고 저울질하여 결정해야 하는 그 책임이 싫었던 것이다. 모든 종교가 같다는 신념은 일반 청년들 사이에 널리 퍼져 있다. 감히 말하자면 일종의 정서적 미성숙이 아닐까?

삶은 힘든 결정의 연속이며, 이를 피할 수 있다는 생각은 유치하다. 그런 식으로 많은 수고가 덜어질 것 같겠지만, 종교가 다 대등하다는 개념은 완전히 허구다. 모든 종교에는 그 나름의 독특한 주장이 있으며 더 포용적인 듯한 종교도 마찬가지다. 그런데 예수님의 주장은 특히 심하다. 그게 사실이라면 그분께 무릎 꿇을 수밖에 없기 때문이다. 수태고지는 예수님의 배타성을 우리 면전에 들이대며 반응을 요구한다. 아울러 거기에 많은 수고가 수반됨을 보여 준다.

마리아에게
벌어진
충격적 사건

———

수태고지가 마리아에게 충격이었던 데는 신학적 이유 못지않게 사회적 이유도 있었다. 당시 마리아는 열네 살쯤 되었고 아주 가난했다. 아기 예수에게 할례를 베풀려고 요셉과 함께 성전에 가던 장면에서 그녀의 사회경제적 계층의 증거를 볼 수 있다. 그 예식에 드려지던 제물은 가정의 사회 계층에 따라 달랐는데 예수 일가는 극빈층이 드리던 새 두 마리만 드렸다. 마리아는 시골뜨기에다 이번 소식으로 인해 오명까지 떠안았다. 그런데 혼전 임신의 오명을 쓴 이 시골 소녀가 오늘날 세계 역사상 가장 유명한 사람의 반열에 들었다. 반면에 우리 대부분은 두 세대만 지나면 잊힐 것이다. 그녀는 왜 위대해졌는가? 하나님과 그분의 메시지 앞에 보인 반응 때문이다. 그녀의 반응은 네 가지로 살펴볼 수 있다.

첫째, 마리아는 생각했다. 논리력을 구사했다. 대개 역본에는 이 의미가 잘 전달되지 않는다. 본문에 보면 천사가 등장한 직후에 마리아가 "그 말을 듣고 놀라 이런 인사가 어찌함인가 생각하매"라고 했다(눅 1:29). 여기 "생각하매"로 옮겨진 헬라어(deologistico, 데오로기스티코)는 논리를 구사하여 열심히 추론한다는 의미다. 이런 일이 어떻게 사실일 수 있는지 마리아가 이해하려 애썼다는 뜻이다.

이것이 우리에게는 낯설게 느껴질 수 있다. 오늘날 흔히들 하는 말이 있다. 우리는 합리적이고 과학적인 존재라서 - 논리를 구사하여 꼬치꼬치 캐묻고 경험적 증거를 요구하므로 - 천사의 등장을 믿기가 불가능하다는 것이다. 여기에는 고대인은 미신적이라서 초자연 현상을 믿는 데 아무런 문제가 없었다는 암시가 깔려 있다. 천사가 나타나면 그 당시 사람들은 무조건 "아, 천사로군요. 안녕하세요. 메시지가 무엇인가요?"라고 말했으리라는 것이다. 이는 조상들을 고자세로 대하는 교만한 관점이며, 본문을 고의로 오독하는 행위임은 말할 것도 없다. 보다시피 마리아는 듣고도 믿어지지 않아 이해하려 애썼다.

왜 그래야 했을까? 마리아는 유대인이므로 천사가 전한 소식은 그녀의 기존 지식에 전혀 들어맞지 않았다. 한 인간이 곧 하나님이라는 메시지였기 때문이다. 시내 산의 하나님이 인간이 되신다는 개념은 논리상 불가능할 뿐더러 유대인의 도덕 감정에 어긋났다(예수님이 자신의 부활을 거듭 예고하시는데도 막달라 마리아와 제자들이 그토록 '알아듣기' 힘들었던 데도 같은 이유가 있다). 이렇듯 마리아는 현대인과는 다른 종류의 이성적 장벽 때문에 예언의 메시지를 믿기 힘들었으나 그 장벽도 우리의 장벽만큼이나 높았다. 오늘 우리가 복음을 믿기 어려운 만큼이나 마리아도 그 나름대로 어려웠다. 그때나 지금이나 수태고지는 모든 인식의 틀과 세계관에 대한 중대한 도전이다. 우주의 창조주 하나님이 소녀의 태를 빌려 인간으로 태어나신다는 선언을 믿자면 항상 엄청난 장벽이 따른다. 세상 어느 지역에도 그런 장벽이 없었던 시기는 역사상 없었고, 그 개념이 시대의 보편 인식에 편히 들어맞은 적도 없다. 그래서 수태고지는 모든 문화의 내러티브에 역류하며, 치열한 지성의 구사를 요구한다. 그런데 마리아는 이를 회피하지 않고 예수께서 회의론자 제자 나다나엘에게 하라고 하신 대로 했다. 증거를 따져 보고 주장의 자체적 일관성을 저울질하여 사실이라는 결론을 내렸다. 그녀가 능히 그럴 수 있다면 우리도 기꺼이 이성을 구사하여 기독교 메시지를 저울질해야 한다.

둘째, 마리아는 의심을 솔직히 표현했다. 천사에게 "나는 남자를 알지 못하니 어찌 이 일이 있으리이까"라고 말했다. 역시 그녀는 어수룩하지 않다. "천사의 말이니 무조건 기적으로 받아들이겠나이다"라고 하지 않는다. 오히려 그녀의 반문은 이성적인 사람이라면 누구나 할 법한 말이다. 성관계를 하지 않는 사람이 어떻게 임신할 수 있는가? 이는 의심의 솔직한 표현이다. 그것도 천사에게 말이다!

이렇게 그녀는 자신의 긴가민가한 의문을 기꺼이 털어놓았다. 의심에는 두 종류가 있다. 부정직한 의심과 정직한 의심이다. 부정직한 의심은 교만하고도 비겁하며 경멸과 게으름의 표출이다. 부정직한 의심은 "말도 안 되는 소리다!"라고 말하고는 자리를 떠 버린다. "불가능하다"(더 현대판으로 "바보 같다")라는 말은 논증이 아니라 억지다. 생각해야 하는 수고를 그런 식으로 피하는 것이다. 반면에 정직한 의심은 겸손하다. 그냥 벽을 쌓는 게 아니라 질문으로 이어지기 때문이다. 진심으로 묻는 사람은 어느 정도 약자의 입장에 놓인다. 사실 마리아는 질문으로 천사에게 정보를 구했는데, 이는 확실한 답변을 통해 자신의 관점을 바꿀 여지를 열어 놓은 것이다. 그래서 정직한 의심은 믿음에 열려 있다. 정말 얻고자 하면 정보와 확실한 논증을 적잖이 얻을 수 있다.

여기 놀라운 사실이 있다. 마리아가 의심을 표현하지 않았다면 천사의 입에서 이 위대한 성경 말씀이 나올 일도 없었을 것이다. "대저 하나님의 모든 말씀은 능하지 못하심이 없느니라"(눅 1:37).

오랜 세월 이 말씀이 내게 위로와 길잡이가 되어 주었으니 그녀의 의심이 참 고맙다. 각양각색의 사람이 이 말씀에서 엄청난 도움을 입었다. 이 계시가 우리에게 추가된 이유는 오직 마리아가 의심했기 때문이다. 의심을 솔직히 표현할수록 그만큼 얻는 게 많아지고, 정직한 의문을 제기할수록 주변 사람까지 그 혜택을 누린다. 질문하거나 의심을 표현하기를 거부하는 이들도 나는 많이 보았다. 마음이 완고해서 거부하는 이들도 있지만 왠지 불경하게 여겨져 거부하는 이들도 있다. 감히 솔직한 의심과 의문을 제기하지 말라는 것이다.

셋째, 마리아는 완전히 순복했다. 물론 결국은 거기까지 가야 한다. "대저 하나님의 모든 말씀은 능하지 못하심이 없느니라"라는 말을 듣고서 그녀는 결단을 내린다. 사실 천사의 그 말은 확실한 논증이다. "마리아야, 너는 하나님을 믿느냐. 하나님이 세상을 창조하시고 너희 민족을 구원하여 장구한 세월 동안 지켜 오셨다면 왜 이 일인들 못하시겠느냐." 마리아가 듣기에도 이치에 맞는 말이었다. 그래서 그녀는 "주의 여종이오니 말씀대로 내게 이루어지이다"(눅 1:38)라고 답한다. 이것은 현대역이고 나는 옛 흠정역의 장중한 표현이 더 좋다. "주의 시녀를 보옵소서. 제게 당신의 말씀대로 되기를 원하나이다"(Behold the handmaid of the Lord; be it unto me according to thy word).

가끔 내게 이렇게 말하는 이들이 있다. "나도 그리스도인이 되고 싶은데 그렇다고 꼭 이것을 해야 합니까? 꼭 저것을 포기해야 합니까? 기도하고 성생활을 끊고 이 직장을 그만두고 관점을 바꾸어야 합니까?" 물론 어느 정도 정당한 질문이다. 그리스도인이 되는 데 따르는 대가를 따져 보아야 하기 때문이다. 예수님도 우리에게 제자도의 '비용을 계산'하라고 말씀하신다(눅 14:25-33). 그러나 계산하는 게 아니라 협상하려는 이들이 많아서 탈이다. 이것저것 포기할 의사는 있으나 무엇을 포기할지를 결정한 권리만은 포기하지 않겠다는 것이다. 그들은 다양한 행동에 대한 비용편익 분석의 재량을 계속 고수하려 한다. 삶의 왕좌와 운전석에서 내려오지 않으려 한다. 어느 성경 교사는 그것을 이렇게 표현했다. "예수님을 따를 때 가장 어려운 일은 항복이다."

하나님은 아브라함에게 오셔서 "아브라함아, 네 고향 갈대아 땅을 떠나 나를 따르라"라고 말씀하셨다. 아브라함이 "어디로 가오

리까"라고 여쭙자 그분은 사실상 "나중에 알려 주리라"고 하셨다. 하나님은 아브라함이 최선의 삶의 길을 스스로 결정할 권리를 포기하기를 원하셨다.

당신도 그리스도께 삶을 드리려면 어떤 식으로든 마리아처럼 말해야 한다. 진심으로 이렇게 고백해야 한다. "주님, 주님이 제게 무엇을 요구하실지 다는 모르지만 좋든 싫든 주님의 말씀대로 하겠습니다. 이해되지 않더라도 주님이 제 삶에 허락하시는 일이라면 다 참고 받아들이겠습니다."

다시 말해서 하나님이 요구하실 일을 당신이 미리 다 알 수는 없다. 예컨대 거짓말하거나 속이지 말라는 성경 말씀은 누구나 안다. 그런데 진실을 말하면 직장을 잃지만 거짓말하면 살아남을 수 있는 시점이 올 수 있다. 그리스도를 따르는 데는 그런 혹독한 대가가 수반된다. 그럴 때 어떻게 반응할지 이미 결심이 서 있어야 한다. 예수님을 따르는 대가를 미리 알 수는 없으므로 단호히 이렇게 다짐해야 한다. '무슨 일이 닥칠지 다 모르지만 이것만은 안다. 나는 하나님의 뜻대로 행할지 말지를 결정할 권리를 포기한다. 무조건 그분의 뜻대로 한다.'

요섭의

생각

———

물론 마리아도 대가를 다 알 수는 없었지만 그래도 분명히 어느 정도는 짐작했다. 결국 요셉도 그랬다. 누가복음 1장을 마태복음 1장과 비교해 보면 흥미롭다. 누가가 수태고지를 마리아의 관점에서 보았다면 마태는 요셉의 관점에서 보았다. 요셉은 마리아가 자기와 무관하게 임신했음을 알았을 때 파혼할 작정이었다. 그런데 천사가 나타나 그대로 그녀와 결혼하라는 하나님의 메시지를 전했다. 요셉이 알았듯이 수치와 명예 중심의 그 사회에서 그녀와 결혼하면 아이가 혼외자임을 동네 사람이 다 알게 된다. 그들도 날짜를 계산할 줄을 알았다. 사실 마리아의 친구들도 대부분 그녀의 혼전 임신을 알아차릴 것이다. 두 사람이 결혼 전에 성관계를 했거나 마리아가 정절을 저버렸음을 조만간 모두가 알게 될 텐데, 어느 경우든 그 문화의 도덕적 사회적 규범에 어긋났다. 이들 부부는 그 사회에서 영원히 이류 시민이 되어 자녀까지도 따돌림 당하거나 늘 수상히 여겨질 것이다.

그러니 요셉과 마리아가 "우리는 부르심에 응하여 이 아이를 받아들입니다. 무슨 일이 뒤따르든 감수하겠습니다"라며 주님의 말씀에 순종했다는 것은 어떤 의미일까? "우리와 함께 계시"는 '하나님'(마 1:23)을 말 그대로 둘 사이에 모시려면 무엇이 필요했을까? 그분과 함께 살려면 무엇이 필요할까? 본문이 보여 주는 답은 용기다. 무슨 일이 있더라도 기꺼이 그분의 뜻을 행하려는 자세다.

"마리아와 결혼하라"는 천사의 말은 "예수께서 네 삶 속에 들어오시면 너는 훌륭한 평판을 잃고 거부당할 것이니라"라는 말이었다. 그런데도 요셉은 그녀와 결혼했다. 요셉의 친구 몇은 분명히 "도대체 왜 그 여자와 결혼해? 자네가 임신시켰거나 그쪽에서 정조를 더럽혔겠군"이라고 말했을 것이다. 그들에게 진실을 설명하려는 요셉이 상상이 되는가? "내 말 좀 들어 보게. 마리아는 성령으로 말미암아 임신했네. 천사가 우리에게 다 말해 주었지." 친구들은 진실을 이해할 턱이 없었다. 그래서 요셉은 그들이 늘 자기를 나쁘게 생각하리라는 것을 알았다.

지금도 세상에는 그런 곳이 많다. 당신도 신앙을 고백하는 그리스도인이라면 언젠가는 요셉과 마리아의 처지가 된다. 예컨대 뉴욕시의 많은 친구에게 기독교 신앙은 마리아와 요셉의 친구들에게 천사 이야기가 그랬던 것만큼이나 믿기 어렵고 터무니없다. 속해 있는 사교계나 전문 네트워크나 직업 분야에서 당신의 기독교 신앙을 드러내면, 많은 사람이 전혀 이해하지 못한다. 지금의 당신을 그들에게 이해시키기는커녕 많은 경우에 당신의 평판만 나빠질 수 있다.

그런데 왜 예수 그리스도는 수치와 명예 중심의 가부장 문화에서 시골 소녀의 혼전 임신을 통해 이 세상에 오셨을까? 하나님이 꼭 그런 방식으로 하실 필요는 없었다. 내 생각에 이는 그분의 이런 말씀이나 같다. "나는 세상의 당연한 방식대로가 아니라 정반대로 일하나니 이는 내 능력이 약한 데서 온전하여짐이라. 내가 보낼 구주와 왕은 왕궁의 요람에서 유명한 권력자에게 태어나지 않고 마구간의 여물통에서 오명을 쓴 시골뜨기에게 태어나리라. 이 원리는 언제나 한결같아서 예수는 약함과 고난과 십자가의 죽음을 통해 구원을 이루고 희생과 섬김을 통해 권력과 영향력을 얻으리라. 너희 삶속에 예수가 있으면 너희도 다분히 똑같은 처우를 맛보겠으나 나의구원은 이러하니 곧 고난은 영광을 낳고 죽음은 부활을 낳느니라. 그러므로 두려워하지 말고 너희 삶 속에 예수 그리스도를 받아들이라. 그러면 내가 너희의 명예가 되리라. 세상이 어떻게 생각하는지는 중요하지 않도다."

그래서 마리아와 요셉은 예수님이 장차 자신들에게 해 주실 일을 기꺼이 그분께 해 드렸다. 그분은 아버지께 순종하시되 십자가에 죽기까지 하셨다(빌 2:4-11). 그들도 하나님이 부르시자 스스로 결정할 권리를 포기했다. 당신의 삶 한가운데에 정말 예수님을 원한다면 그분께 무조건 순종해야 한다. 삶의 통제권을 내려놓고 조건을 버려야 한다. "만일 이러이러하면 주님께 순종하겠습니다. 그렇게 하겠지만 조건이 있습니다"라고 말할 권리를 버려야 한다. 조건을 걸면 순종이 아니라 사실은 이런 말이다. "당신은 나의 주님이 아니라 자문위원입니다. 당신의 추천을 기쁘게 받겠습니다. 어쩌면 그중 일부를 채택할 수도 있습니다." 그래서는 안 된다. 당신과 함께하실 예수님을 원한다면 스스로 결정할 권리를 포기해야 한다.

끝으로 마리아가 한 일이 하나 더 있다. 그녀는 엘리사벳을 찾아갔다. 엘리사벳이 성령의 능력으로 해 준 말은 틀림없이 마리아에게 큰 도움이 되었다. 격려가 되었음은 물론이고 덕분에 자신의 상황을 새롭게 이해할 수 있었을 것이다. 그래서 엘리사벳의 말이 끝나자마자 마리아에게서 찬미의 노래가 터져 나온다. 노래의 전통적 명칭도 찬양한다는 뜻의 첫 단어를 따서 "마그니피카트"다. 그녀는 마음을 다하여 하나님을 예배하고 흠모한다. "내 영혼이 주를 찬양하며 내 마음이 하나님 내 구주를 기뻐하였음은"(눅 1:46-47). 이 노래에서 마리아는 시편부터 이사야와 선지서까지 구약을 놀랍도록 두루 꿰어 메시아 하나님의 강림을 계시해 준다. 수태고지는 성경의 신앙에 모순되는 게 아니라 오히려 그 신앙의 성취다. 이 모든 깨달음이 가능했던 게 그녀가 엘리사벳을 방문했기 때문이다.

마지막으로 넷째, 당신에게 공동체가 필요하다. 마리아도 처음에는 영문을 모르는 듯했으나 가서 다른 믿는 자매를 보고 함께 대화하고 예배하면서 비로소 확실히 깨달았다. 물론 마리아처럼 당신도 열심히 생각하고, 솔직하게 의심하고, 결국 완전히 순복해야 한다. 그러나 주위에 믿을 만한 친구들 없이 일개 개인으로서 그러는 것만으로는 부족하다. 우리 중 어떤 이들은 자신의 영적 고민을 아예 남에게 알리지 않으려 한다. 다 끝난 뒤에 과거 시제로 "그때 참 힘들었지"라고 말하기를 원한다. 그러나 결국 누구도 공동체 없이는 결코 해낼 수 없다.

　　보잘것없던 마리아가 누구보다도 위대해진 것은 순전히 하나님이 찾아오셨을 때 가장 겸손하게 반응했기 때문이다. 그녀는 사고했고 의심했고 순복했고 남과 소통했다. 당신도 똑같이 할 수 있다.

옥스퍼드 기독학생연합(Oxford Inter-Collegiate Christian Union)의 존 드레이크(Jon Drake)와 많은 학생 지도자에게 감사하고 싶다. 이 기관의 너그러운 초청으로 나는 2012년 2월초 옥스퍼드 타운 홀(Oxford Town Hall)에서 기독교에 대해 강연했다. 한 주간 동안 옥스퍼드 각 단과대의 그리스도인 학생들은 나와 내 가족 ─ 아내 캐시(Kathy), 아들 마이클(Michael), 며느리 새라(Sara) - 을 자기네 친구와 동료에게 신앙과 삶을 전하는 동역자로 맞아 주었다. 밤마다 두 시간씩 강연에 이어 일대일로 학생들과의 열띤 대화까지 마치고 나면 우리 가족은 옥스퍼드 한복판을 (때로 눈길로) 가로질러 돌아가 17세기의 대형 벽난로 앞에서 그날 일에 대해 대화하곤 했다. 자리에 누울 때면 늘 내가 부족하다는 느낌과 기쁨이 뒤섞였다. 이 책의 1-5장은 그 강연회에 기초한 것이다.

마크 캄피사노(Mark Campisano)에게도 감사하고 싶다. 그는 다년간 큰 희생을 감수하며 맨해튼 중심가의 하버드 클럽(Harvard Club)에서 기업인 조찬 모임을 주최하고 이끌었다. 나도 여러 해 강사로 참여했는데 목제로 장식된 고풍스런 실내는 대개 만원이거나 초만원이었다. 18년간 매달 마크 일행은 친숙한 환경에서 도심의 동료 기업인에게 기독교를 소개하려 애썼다. 그동안 많은 주제가 다루어졌으나 어느 해에 나는 예수님의 인격과 사역에 대한 시리즈 강연을 했다. 이 책의 6-10장은 그때의 메시지에 기초한 것이다.

끝으로 리디머 도시선교회의 내 동역자 스캇 카우프먼(Scott

Kauffmann)의 오랜 능숙한 수고가 없었다면 이 자료는 활자화되지 못했을 것이다. 언어와 신학을 좋아하는 그는 사람들이 복음의 경이를 깨닫고 신기해하는 표정을 즐겨 상상한다. 그래서 내 훌륭한 편집자이자 문서를 통한 말씀 사역의 동역자다. 스캇에게 감사한다.

주

1. 회의론자: 나다나엘

1. 이후의 두 인용문까지 모두 다음 책에 나온다. W. H. Auden, *Modern Canterbury Pilgrims*, James A. Pike 편집 (New York: A. R. Mowbray, 1956), 41. 다음 책에도 인용되어 있다. Edward Mendelson, "Auden and God," *The New York Review of Books* 54, no. 19, 2007년 12월 6일.

2. 인사이더와 아웃사이더: 니고데모와 사마리아 여인

1. 다음 웹사이트에 인용되어 있다. www.bible.org/illustration/boris-becker.

2. 다음 책에 인용되어 있다. Alistair Begg, The Hand of God (Chicago: Moody, 2001), 77.

3. Davis Foster Wallace, Kenyon College 졸업 연설, 2005년 5월 21일. www.manic.com/sg/water.

3. 슬퍼하는 자매들: 마르다와 마리아

1. 이런 내용을 다룬 최고의 책은 단연 Richard Bauckham, *Jesus: A Very Short Introduction* (Oxford, 2011)일 것이다(《예수-생애와 의미》). 보컴은 이런 각각의 사실-복음서가 신빙성 있는 목격자 진술이고, 예수님이 자신을 신으로 아셨고 주장하셨으며, 초대 기독교 교회가 처음부터 그분을 신으로 예배했다는 사실 등-을 뒷받침해 주는 학자들의 논증을 요약했다. 참고문헌으로 그밖의 자료도 풍성히 제시했는데 그중에 보컴 자신의 *Jesus and the Eyewitnesses* (Eerdmans, 2006), 《예수와 그 목격자들》(새물결플러스 역간)과 Paul Barnett, *Finding the Historical Christ* (Eerdmans, 2009) 등이 있다.

2. 다음 두 책을 참조하라. Richard Bauckham, *Jesus and the God of Israel* (Eerdmans, 2009), 4장 "초기 기독교에 나타난 예수경배" 《예수와 이스라엘의 하나님》(새물결플러스 역간). Simon Gathercole, *The Preexistent Son of God: Recovering the Christologies of Matthew, Mark, and Luke* (Eerdmans, 2006).

3. John Gerstner, *Theology for Everyman* (Moody, 1965), 45.

4. 혼인잔치: 예수의 어머니

1. "요한은 '표적'이란 단순한 단어를 선호한다. 예수님의 기적은 그저 현란한 능력의 과시였던 적이 없으며 대중을 감동시키려는 멋진 마술은 더욱 아니었다. 다만 의미심장하게 능력을 드러내심으로써 그 너머 믿음의 눈으로 보이는 더 깊은 실재를 가리켜 보이신 표적이었다." D. A. Carson, *The Gospel According to John* (Grand Rapids, MI: Eerdmans, 1991), 175.

2. Reynolds Price, *Three Gospels* (New York: Scribner, 1996), 132.

3. 같은 책, 137.

4. Fyodor Dostoyevsky, *The Brothers Karamazov* (Raleigh, NC: Hayes Barton Press, 1963), 220. 《카라마조프 가의 형제들》(열린책들 역간)

5. 60 Minutes 대본, vol. 15, no. 21, 1983년 2월 6일. 다음 책에 인용되어 있다. Charles Colson & Ellen S. Vaughan, *The Body* (Word, 1992), 188. 《이것이 교회다》 (홍성사 역간)

6. 누가복음 2장 41-52절을 참조하라.

5. 최초의 그리스도인: 막달라 마리아

1. D. A. Carson, *The Gospel According to John* (Eerdmans, 1991), 641.

2. Timothy F. Lull & William R. Russel, Martin Luther's Basic Theological Writings, 제3판, "*Preface to the Complete Edition of Luther's Latin Writings* (1595)," (Fortress Press, 2012), 497.

3. Annie Dillard, *Pilgrim at Tinker Creek* (HarperCollins, 2009), 36. 《자연의 지혜》 (민음사 역간)

PART 2

---

6. 궁극의 적: 사탄과 맞서심

1. 로마서 8장 28절을 참조하라.

2. Andrew Delbanco, *The Death of Satan: How Americans Have Lost the Sense of Evil* (Farrar, Straus and Giroux, 1995), 19.

3. J. K. Rolling, *Harry Potter and the Sorcerer's Stone* (Scholastic, 1997), 291. 《해리 포터와 마법사의 돌》 (문학수첩리틀북스 역간)

4. Edith Margaret Clarkson, "*We Come, O Christ, to You*" (Hope Publishing, 1987).

5. 다음 웹사이트를 참조하라. http://www.biblebb.com/files/ryle/assurance.htm.

6. 다음 웹사이트를 참조하라. http://www.gracegems.org/Ryle/holiness5.htm.

7. C. S. Lewis, *Mere Christianity* (HarperCollins, 2001), 37-38. 《순전한 기독교》 (홍성사 역간)

7. 두 분의 대언자: 성령을 보내심

1. Horatio Spafford, "It Is Well with My Soul" (1873). (우리말 찬송가 413장)

8. 순종하는 주님: 십자가에 죽으심

1. Frederick William Danker & Walter Bauer, *A Greek-English Lexicon of the New Testament and Other Early Christian Literature* 제3판 (Chicago: University of Chicago Press, 2001), 303.

2. Ronald K. Rittgers, *The Reformation of Suffering: Pastoral Theology and Lay Piety in Late Medieval and Early Modern Germany* (New York: Oxford USA, 2012), 47.

3. William L. Lane, *The Gospel According to Mark* (Grand Rapids, MI: Eerdmans, 1974), 516. 예수께서 겟세마네 동산에서부터 하나님의 진노의 첫맛을 경험하셨다고 본 또 다른 신학자는 조나단 에드워즈다. 여러 형태로 간행된 그의 설교 "Christ's Agony"(그리스도의 고뇌)를 참조하라. 다음 웹사이트에서도 볼 수 있다. http://www.ccel.org/ccel/edwards/ sermons.agony.html.

4. 많은 이들이 이 구분을 오해하여 능동적 순종은 그리스도의 선한 삶을 가리키고 수동적 순종은 그분의 죽음을 가리킨다고 생각한다. 그러나 사실 이 두 용어는 그분의 모든 순종의 양면을 지칭한다. 그분은 살아생전에도 조금씩 죄의 형벌을 치르셨다. 그분이 겪으신 고달픈 인생은 죄로 인한 저주의 일환이었다. 또 그분은 죽으실 때도 하나님과 우리를 능동적으로 사랑하여 율법의 적극적 요구를 충족시키셨다. 다음 책을 참조하라. John Murray, *Redemption Accomplished and Applied* (Grand Rapids, MI: Eerdmans, 1955), 20-22. 《존 머레이의 구속》(복있는사람 역간)

5. 고린도전서 15장 45절을 참조하라.

6. 갈라디아서 3장 13절과 신명기 21장 23절을 참조하라.

9. 아버지의 오른편: 승천의 의미

1. Matthew Bridges & Godfrey Thring, "Crown Him with Many Crowns." (우리말 찬송가 25장)

2. Louis Berkhof, *Systematic Theology* (Eerdmans, 1941), 350. 《벌코프 조직신학》CH북스 역간)

3. 같은 책, 352.

4. 다음 책에 인용되어 있다. Philip Yancey, *The Jesus I Never Knew* (Zondervan, 2002), 228.
(《내가 알지 못했던 예수》 IVP 역간)

5. 웨스트민스터 대요리문답 53문답. www.reformed.org/documents/larger1.html.

6. Jonathan Edwards, *A Jonathan Edwards Reader* (Yale University Press, 2008), "Personal Narrative," 289. 샘 스톰즈의 책 《우리 세대를 위한 조나단 에드워즈 신앙감정론》(복있는사람 역간)에 "신앙고백"이라는 제목으로 수록되어 있다(역주).

7. 같은 책, 293.

Encounters with Jesus